평강의 주께서 친히
때마다 일마다
평강을 주시기를 기도하며
특별히 _____ 님께
이 소중한 책을 드립니다.

빛과 소금으로 사는 법

해돈 로빈슨 지음 / 김문철 옮김

나침반

The Christian Salt and Light Company
Copyright © by Haddon W. Robinson
Translated and published by Permission of Discovery House Publishers.

머리말

나는 설교학에 대해 연구하고 그것을 가르치는 일과 실제로 설교를 준비해서 그것을 전달하는 일에 내 생애를 바쳤다. 어떤 사람들에게 이 말은 쇠의 부식 과정을 지켜보는 것만큼이나 흥미 진진하게 들린다.

나는 설교 연구가 매우 도전적이고 만족스러운 것임을 깨달았다. 유명하든지 유명하지 않든지 간에, 위대한 설교자들은 그들 시대의 필요와 쟁점(爭點)들을 언급했다. 또한 그들은 인생의 지뢰밭에 갇혀 있는 사람들에게 관심을 기울였다. 그들에게 경고의 말씀을 주고 그들을 인도하는 일까지 마음을 썼다. 그리고 인생의 파편에 상처를 입은 사람들을 발견했을 때는 그들을 위로하는 설교를 하였다. 무엇보다도 그들은 호소력이 있었다. 때때로 어떤 설교가들은 경멸의 대상이 되었고 몇몇은 우상이 되다시피 했다. 또 설교자들은 언론의 극찬을 받거나 혹평을 받았다. 그러나 설교자들이 주목을 받지 못할 때조차도 그들은 호소력이 있었다. 하나님과 회중을 섬긴 설교자들은 보통 사람들도 이해할 수 있는 말씀으로 청중들의 상황에 맞도록 성경을 잘 전했다.

설교자들과 설교에 대한 관심 때문에 나는 역사상 저명했던 설교자들, 즉 요한 크리소스톰(John Chrysostom), 알렉산더 맥클라렌(Alexander Maclaren), 조지 휫필드(George Whitefield), 보어햄(F.S. Boreham), 찰스 스펄전(Charles Spurgeon) 등의 설교를 연구했다. 또한 오순절 때에 베드로의 설교가 강한 바람과 불같이 능력 있게 전파된 이유를 설명하지 못하는 설교 원리는 말할 만한 가치도 없다는 가정 하에서, 누가가 사도행전에 기록했던 설교들에 특별한 관심을 기울였다.

어떤 이유로, 나는 몇 해 전까지만 해도 예수님의 산상수훈에는 그만큼의 열심을 보이지 않았다. 그러다가 내가 산상수훈을 연구하기 시작했을 때는 어려운 일이 일어났다. 내가 산상수훈을 연구하는 것이 아니라 그 설교가 나를 연구하는 것처럼 보였던 것이다. 예수님의 설교가 마태복음의 지면에서 뛰쳐나왔으며, 나는 예수께서 자신의 제자들과 주후 1세기의 바리새인들에게 하신 말씀을 들은 것이 아니라 오히려 예수님이 내 안에 있는 바리새인을 향하여 하시는 말씀을 들었다.

나는 거의 일 년 동안 일단의 사업가들에게 산상수훈을 가르쳤는데, 그들은 산상수훈 설교를 다시 듣기 위하여 아침 일찍 잠자리에서 일어나느라 애를 썼다. 그들은 설교 테이프들을 사서 여러 번 각 설교를 듣고, 예수께서는 2천 년 전 이스라엘의 한 언덕에서 말씀하셨지만 오늘날에도 그 말씀은 여전히 그들을 자극한다는 확신을 내게 주었다. 나의 설교를 듣는 정부 관리들과 일반 대중과 근로자들은 『잃어버린 단추 : 정신과 의사의 사례집』(*A Few Buttons Missing : The Case Book of a Psychiatrist*)에 있는 다음과 같은 제임스 피셔(James T. Fisher)의 판단을 그대로 되풀이하여 말했다.

만일 당신이 정신 위생이라는 주제에 관하여 가장 적임자인 심리학자들과 정신과 의사들이 쓴 모든 권위 있는 논문들을 모아서 다듬고 장황한 말투를 간결하게 손질할 수 있다면, 만일 파슬리 같은 양념 없이 고기 덩어리만 취할 수 있다면, 만일 당신이 가장 유능한 시인들이 정확하게 표현한 아무런 불순물이 없는 순수 과학적 지식을 가질 수 있다면, 당신은 어색하고 불완전하지만 산상수훈을 요약할 수 있을 것이다. 산상수훈을 요약하는 일은 다른 일에 비하면 측량할 수 없을 정도로 힘이 들 것이다.

산상수훈 연구가 그 사업가들에게 끼친 영향을 생각할 때, 내가 그 내용을 출판하는 것이 그리 건방진 일은 아닐 것이라고 생각했다. 이 책을 출판하면서 나는 서재에 있는 여러 주석가들의 연구 내용에서 많은 도움을 얻었다. 우선 위대한 설교가 마틴 로이드 존스(Martin Lloyd-Jones)가 예수님의 산상설교에 관해 쓴 두 권의 설교집이 있다. 그리고 도날드 카슨(Donald Carson)은 예수님의 말씀을 사려 깊고 적절하게 해설함으로써 내게 도움을 주었다. 금세기말 출간된 마태복음 5-7장에 관한 가장 중요하고 가장 학문적인 연구서는 의심할 여지 없이 로버트 겔리취(Robert Guelich)의 저서인데, 나는 본문에 대한 그의 상세한 설명들에서 큰 도움을 받았다. 윌리엄 바클레이(William Barclay)의 주석들은 학문이 결코 경직되어서는 안 된다는 사실을 다시 한번 보여 주었다. 그의 설명과 적용은 독자가 마음과 뜻과 목숨을 다하여 하나님을 사랑할 수 있도록 돕는다.

나는 이 연구를 출간하라고 권해 준 옛 친구 로버트 드브리스(Robert DeVries)에게 고마운 마음도 들고 한편으로는 그의 권함을 나무라고 싶은 마음도 든다. 또 구어체를 문어체로 바꿀 수 있도록 도움을 준 새 친구 폴 힐만(Paul Hillman)에게 감사드린다.

　예수님의 산상수훈에 관하여 저술하면서 내가 태양 속에서 플래시를 켜고 있지는 않나 하는 생각에 마음이 편치 않았다. 그러나 설교자가 최선을 다해 설교했다면 그것으로 된 것이라고 스스로를 위로한다.

우리의 목표　13
말씀을 듣는 대상들　25
위로부터의 말씀　27
산상수훈의 요절　29

제1장	인정(認定)의 증표　31
제2장	정신의 중요성　37
제3장	심령의 파산　47
제4장	갚을 수 없는 빚　61
제5장	힘의 근거　69
제6장	끊임없는 식욕　79
제7장	보상 계획　87
제8장	청결한 행위　111
제9장	하나님과의 관계, 인간과의 관계　111
제10장	그리스도인에게 따르는 어려움　119
제11장	이 사회를 유지케 하는 요소　131
제12장	이 사회에 대한 적극적인 영향력　143
제13장	구약의 성취　151
제14장	사람에 대한 평가　163
제15장	우리의 규칙　171
제16장	분노와 그 파급 효과의 처리　181
제17장	단호한 자세　193
제18장	헌신의 관계　201
제19장	맹세가 필요 없는 사람　209
제20장	하나님의 은혜로 대함　221
제21장	하나님을 닮은 자　237

우리의 목표

산상수훈을 바라보는 시각은 크게 **다섯 가지**로 나눌 수 있다. 우리가 도달해야 할 기준으로 보는 시각, 도달할 수 없는 기준으로 보는 시각, 정치적인 강령(綱領)으로 보는 시각, 새로운 삶의 방식으로 보는 시각, 달성할 수 있는 목표로 보는 시각이 그것이다.

도달해야 할 기준으로서의 산상수훈

제 1차 세계 대전 후 퍼싱 장군(General Pershing)은 유럽 여러 국가의 수도(首都)들을 통과하는 일련의 개선 행진을 계획했다. 그는 그 개선 행진에 참여할 27,000명의 사병들이 필요했는데, 참가를 원하는 사병은 두 가지 자격 조건을 갖추어야 했다. 첫째는 군 복무 기간 중 불명예스런 일을 한 기록이 없어야 한다는 것이고, 둘째는 키가 최소한 1m 86cm가 되어야 한다는 것이다.

파리에서 약 160km 떨어진 곳에 탄약 저장고를 지키는 40명의 미군(美軍)들이 있었는데, 그들은 퍼싱의 개선 행진에 관한 공고를 흥미있게 읽었다. 더욱이 그들은 모두 첫번째 자격 조건에 맞았다. 그들 중 한 사람도 군법 회의에 회부된 적이 없었다.

그러나 두번째 조건 때문에 그들은 당황했다. 그들은 1m 86cm가 어느 정도 큰 키인지 몰랐다(왜냐하면 미국에서는 미터법을 쓰지 않기 때문이다-역자 주). 상병이 병장에게 물었지만 병장도 몰랐다. 그때 상병은 "그래도 병장님, 제가 병장님보다 키가 더 크다는 것은 압니다"라고 말했다. 다른 사병들도 그런 식으로 말했다. 막사에 있는 어느 누구도 1m 86cm가 얼마나 큰 키인지 몰랐으므로 사병들은 서로서로 키를 재 보기 시작했다. 그들은 중대에서 키가 가장 큰 사람부터 가장 작은 사람이 누구인지 알 때까지 유치원 아이들처럼 등을 맞대고 키를 재 보았다.

키가 가장 큰 슬림(Slim)은 여러 도시의 처녀들에게 눈길을 주고 이제는 펜팔에 관심을 보이지 않는 동료들을 가소롭게 생각했다. 그리고 키가 제일 작은 쇼티(Shorty)는 만일 자신이 개선 행진에 참가한다면 모든 사병들이 참가할 수 있을 것이라는 사실을 알았다.

사령부에서 파송된 대위가 자격이 있는 사람을 찾으려고 왔을 때, 사병들은 그에게 자신들의 문제를 말했다.
"우리는 1m 86cm가 어느 정도의 키인지 모릅니다."
그래서 그는 미터와 센티미터를 피트와 인치로 바꾸어 말해 주었고, 중대 식당 벽에 표시를 했다.
중대원 중 일부는 그 표시를 보더니 자기들 키가 거기에 미치지 못할 것을 알고는 돌아가 버렸다. 사람들은 그 벽에 등을 대고 서 보았지만 약 3cm 또는 그 이상이 모자랐다. 마침내 슬림이 가능한 한 키를 크게 하려고 몸을 쭉 편 채로 섰지만 그도

약 0.75cm 정도 모자랐다. 그들 중에 어느 누구도 1m 86cm라는 자격 조건에 부합되지 않았다.

그래도 퍼싱은 자신의 개선 행진에 참가할 자격을 갖춘 사병들을 찾아냈다. 그러나 이 이야기의 요점은 우리에게 절대 평가 기준이 있을 때 다른 사람과 비교해서 우리를 평가하는 것은 아무 소용이 없다는 것이다. 우리는 그 기준까지 도달해야 한다.

어떤 사람들은 산상수훈을 그리스도가 벽에 그어 놓은 기준으로 해석한다. 이것은 우리가 하나님의 인정을 받으려면 그 기준에 도달해야 한다는 뜻이다. 만일 애써서 천국에 들어가겠다고 결심한다면, 산상수훈이 우리가 어떻게 살아야 하는가를 설명해 준다는 것이다. 이러한 주장을 하는 사람은 "만일 당신이 십계명만 잘 지키면서 산다면, 하나님께 의무를 다하는 것이다"라고 말한다. 널리 알려진 이 해석은 **두 가지 치명적인 결점**이 있다.

첫째로, 이 해석은 나머지 성경 내용과 모순된다.
신약성경은 우리가 하나님의 은혜로 말미암아 의롭게 된다고 수없이 선포한다. 다시 말하면, 우리는 선한 행동을 하거나 현명하거나 경건하기 때문에 하나님과 올바른 관계를 맺는 것이 아니다. 그러므로 만일 당신이 산상수훈을 준수하여 천국에 들어가겠다고 결심한다면, 그것은 교사에게 묻지 않고 자기 스스로 시험을 준비하는 것과 같다. 하나님은 인간 스스로 천국에 도달하는 방법을 만들지 않으셨다.

둘째로, 천국에 들어가기 위해 산상수훈을 지키는 것은 실현 가능성이 없는 꿈이다.
누구도 산상수훈에서 정하는 기준에 따라서 살지 못한다. 그러므로 만일 산상수훈을 벽에 표시된 당신의 기준으로 선택한다면, 그것은 자살 행위와 같을 것이다. 당신은 그 기준을 지킬 수 없어서 지옥으로 들어갈 수밖에 없을 것이기 때문이다.

비록 당신이 남보다 산상수훈을 더 잘 지킨다고 생각할지도 모르지만, 하나님은 상대 평가를 하지 않으신다. 그분은 절대 평가 기준에 따라 당신을 평가하실 것이다. 옛 흑인 영가는 이 사실을 다음과 같은 가사로 적절히 표현했다.
"하나님은 100%를 원하시며, 99.5%를 원하시지 않는다."

만일 당신이 산상수훈을 하나의 기준으로 삼는다면, 즉 벽에 그어 놓은 당신의 기준으로 삼는다면, 당신은 1.5cm나 그 이상이 모자랄 것이다. 심지어 사람들 중에 가장 빼어난 자들, 곧 바리새인들, 경건한 사람들, 도덕주의자들조차도 마치 개미가 엠파이어 스테이트 빌딩에 자신의 키를 재 보는 것처럼 턱없이 모자랄 것이다.

도달할 수 없는 기준으로서의 산상수훈

산상수훈에 나타난 그리스도의 가르침에 대한 두번째 해석은 첫번째 주장의 오류를 반박하려고 한다. 이 접근 방법은 예수께서 자신의 말씀을 듣는 자들에게 그들이 하나님의 의로우심에 결코 도달할 수 없다는 사실을 깨닫게 해 주려고 하셨다고 주장한다.

이러한 해석에 따르면, 예수께서는 산상수훈에서 기준을 세우는 것 이상의 일을 하셨다. 즉, 그분은 우리에게 그 기준이 도달하기에 얼마나 어려운 것인지를 말씀하셨다. 우리는 간음이나 살인을 하지 말아야 하지만 또한 음욕을 품거나 분을 품어서도 안 된다. 예수께서는 문제의 핵심, 곧 우리 행동 배후의 동기 문제에 이르러서는 누구도 자신의 공로로 하나님을 능히 기쁘시게 할 수 없다는 사실을 보여 주셨다.

물론 기준으로서의 산상수훈이 우리를 정죄한다는 것은 사실이다. 그러나 왜 예수께서는 그분의 제자들, 곧 이미 신자가 된 그들에게 그와 같은 내용을 가르치는 데 시간을 소비하셨을까? 왜 그분은 자기 제자들의 무리에게 복음 전도적인 설교를 하셨을까? 예수께서 천국에 들어가려고 노력하는 외부인들(그리스도 밖에 있는 자들)에게가 아니라 이미 그리스도를 믿고 천국 백성이 된 자들에게 설교하셨다면, 예수께서 도달할 수 없는 기준을 정하셨다는 이 두번째 주장은 요점을 벗어나는 것이다. 제자들은 이미 하나님 나라의 일원이었다. 그렇다면 그들 스스로의 힘으로 하나님의 의(義)를 이룬다는 것은 도저히 불가능한 일이라고 그들에게 말씀하신 의도가 무엇이겠는가?

정치적인 강령으로서의 산상수훈

산상수훈에 관한 앞의 두 주장은 개개인에게 초점을 맞추었다. 세번째 접근 방법은 나라들에 초점을 맞춘다. 산상수훈은 정부가 채택하는 정치적인 강령과 유사하다. 이 해석 방법에 따르면, 예수께서는 개인의 도덕성이나 개인 윤리를 논의하고 계신 것이 아니라 자신의 가르침을 기반으로 해서 세워질 더 좋은 세계에 대한 청사진을 제시하셨다. 다른 말로 하면, 만일 세계 열국들이 산상수훈을 따른다면 지상에 천국이 건설될 것이다.

산상수훈을 이러한 방법으로 이해한 저명한 인물은 레오 톨스토이(Leo Tolstoy)이다. 톨스토이는 회심(回心)한 후 예수님의 몇 가지 가르침에 매료되었는데, 특히 산상수훈에 깊은 감동을 받았다.

톨스토이는 정부들이 예수께서 제시하신 지침에 복종할 필요가 있다고 생각했다. 예수께서 맹세하지 말라고 가르치셨기 때문에 법정에서는 증인 선서를 명하지 말아야 한다. 산상수훈 내용 중에 악한 자를 대적지 말라는 말씀(마 5:39)이 있으므로, 톨스토이는 경찰과 군대를 없애기를 원했다. 사람들이 악에 대항하여 싸우지 않는다면, 그것은 아무튼 하나님 나라가 도래했음을 알리는 것이리라.

톨스토이는 개인적으로 산상수훈의 교훈에 따라 살려고 애를 썼다. 그러나 그가 러시아 정부를 자신의 개혁 운동에 참여하도록 하려고 유도했을 때, 그들은 그를 끈덕지게 괴롭히며 박해하였다. 사실, 러시아 정부의 지도자들은 톨스토이를 악하다고 생각하여 그를 적대시한 것이다.

톨스토이가 어떤 면에서는 옳았을지 모른다. 그러나 열국들이 산상수훈을 그들의 국헌(國憲)으로 채택하기로 결정했을지라도 세상은 그리 좋아지지 않았을 것이다. 사람들은 부패한 존재이다. 개인도 정부도 마찬가지이다. 우리는 모두 영혼의 어그러짐 때문에 고통당하고 있다. 행동의 기준을 더 높게 설정한다고 해서 사람들이 그 기준에 맞게 행동하는 것은 아니다. 모든 국가의 법은 그 나라 국민이 실제 지키는 수준보다 그 기준이 더 높다.

세상을 변화시키기 위한 내용으로 산상수훈을 이해하는 이 방법은 금세기 초에 미국에서 대중의 인기를 얻었다. 진보적인 정치 이상주의는 잘못된 기독교 신앙으로 거듭났다. 매일 온갖 방법으로 세계는 더 나은 세계를 이룩하려고 했다. 산상수훈은 위대한 정책들을 지지하는 선언서였다. 오늘날은 이 정치철학이 별로 지지를 얻지 못한다. 두 번의 세계 대전이 이 정치철학을 망쳐 놓았으며, 오늘날 진지하게 이 입장을 수호하는 정치인들이나 기독교 지도자들은 많지 않을 것이다. 이 주장은 지나치게 이상적이다. 뿐만 아니라 이 주장은 산상수훈의 문맥에 맞지 않기 때문에 우리는 그것을 거부해야 한다. 예수께서는 1세기의 국제연합(U.N.) 총회에서 연설을 하신 것이 아니다. 그분은 정치 지도자들에게 새로운 윤리를 채택하라고 권하지 않으셨다.

새로운 삶의 방식으로서의 산상수훈

해석자들의 네번째 무리는 산상수훈을, 예수께서 지상에 세우려고 하신 왕국에 들어갈 수 있는 제자들에게 주신 새로운 삶의 방식으로 여겼다. 이 해석은 다소 진지하게 문맥을 살핀다. 예수께서는 "회개하라 천국이 가까왔느니라"(마 4:17)고 선포하시면서 하나님의 나라에 관하여 설교하셨다. 이 네번째 견해를 지지하는 자들은 산상수훈이 하나님 나라(이때는 천년왕국의 의미임 —역자 주)가 도래하기 전 이삼 년 동안을 위한 지침서라고 주장한다. 유대인 지도자들이 그 나라를 거부했을 때, 산상수훈은 장차 하나님의 나라가 세워질 때까지 더 이상 효력을 발휘하지 않았다. 산상수훈은 장차 오는 나라에서 그리스도의 제자들을 위한 윤리가 될 것이다. 이 주장도 문제가 없지는 않다.

예수께서는 팔복의 끝 부분에서 우리가 의인(義人)으로서 핍박받은 결과로 복을 받을 것이라고 말씀하셨다. 만일 이 축복이 하나님의 황금 시대인 천년왕국에서 있게 된다면 누가 그 박해자들인가? 마태복음 6장에서 예수께서는 필요와 염려에 관하여 말씀하셨다. 이런 것들이 그분의 나라의 요소일 수 있는가? 산상수훈의 원리들을, 사람들이 미래 이상 시대(理想時代)에서 행동해야 할 윤리로 바꿔서 듣기 좋은 소리로 만드는 것은 산상수훈의 핵심을 놓치는 것이다. 그리스도의 산상수훈은 우리의 신경을 예민하게 할지도 모르지만, 산상수훈 자체나 그 문맥에서 산상수훈을 어떤 미래의 시간으로 이해하도록 하는 구절은 없다. 마태는 예수께서 죽으시고 부활하신 후에 1세기의 교회와 그들의 발자취를 따르는 그리스도인들에게 이 복음서를 기록했다.

만일 우리가 걸어서 지구를 횡단한다고 가정한다면, 산상수훈에 관한 첫번째 관점은 바다를 헤엄쳐서 건너는 방법을 가르쳐 주는 지침서로 산상수훈을 본다. 두번째 견해는 우리에게 그렇게 수영해서 바다를 건너는 것은 불가능하므로 우리는 물에 빠져 죽을 것이라고 말한다. 세번째 견해는 만일 모든 나라의 백성들이 산상수훈을 진지하게 받아들인다면 우리는 함께 바다를 헤엄쳐서 건널 수 있다고 주장한다. 네번째 견해는 지금보다 쉽게 바다를 수영해서 건너게 될 더 좋은 세상이 오기를 기대한다. 이 견해들 중에서 어느 것도 정도(正道)를 제시하지 못한다.

달성할 수 있는 목표로서의 산상수훈

알베르트 슈바이처(Albert Schweitzer)는 그의 저서 『역사적 예수를 찾아서』(The Quest for the Historical Jesus)에서 산상수훈을 잠정적인 윤리로 서술했다. 예수께서는 그분의 나라가 지상에 세워질 때까지 제자들이 따라야 할 윤리를 자기 제자들에게 주시려고 했으며, 이 산상수훈은 그때까지의 그들의 행동 방침이었다. 알베르트 슈바이처는 무엇인가를 잘 알고 있는 것 같았다. 산상수훈은 그리스도의 제자들이 산상수훈을 받은 때부터 그리스도께서 자신의 지상 왕국을 세우러 돌아오실 때까지 어떻게 살아야 하는지를 상세하게 설명하고 있다. 이것이 다섯번째 주장이며 아마도 최상의 견해인 것 같다.

구약의 선지자들은 하나님의 왕, 곧 메시야가 지상을 다스릴 정치적인 왕국을 대망했다. 이러한 배경이 없다면 마태복음과 산상수훈은 해석하기 어렵게 된다. 예수께서는 마태복음에 기록된 것처럼 유대인들에게 오셔서 자신의 왕국을 세우실 것이라고 선포하셨다. 이제 산상수훈은 장차 올 왕국에 대한 약속의 시대와 왕국이 실제로 세워질 시대 사이에 그분의 제자들이 따라야 할 윤리였다.

산상수훈은, 어떤 의미에서 자신들의 지도자인 메시야가 돌아와 지상에 자신의 왕국을 세울 때까지 포로 생활을 할 운명에 처한 왕국의 시민들에게 주어진 것이다. 그들은 그들의 왕에게 여전히 충성을 바친다. 그러나 포로 생활로 인해 자신들의 영토라고 부를 땅이 없었으므로 그들은 왕이신 메시야의 재림과 그분이 세우실 나라를 대망한다.

그러므로 산상수훈은 예수 그리스도를 충성되게 따르는 모든 제자들을 위한 것으로, 예수께서 제자들에게 기대하신 행동 규범이었다. 즉, 제자들이 그분이 돌아와서 자신의 왕국을 세울 때를 고대하는 낯선 환경 속에서 그 규범을 따라 주기를 예수께서는 바라신 것이다.

산상 메시지는 우리가 왕이신 그리스도와 관계를 맺기 위해서 취해야 할 행동 기준이 아니다. 산상수훈은 벽에 그어진 도달할 수 없는 선도 아니고 열국들의 헌법도 아니다. 또한 오로지 미래를 위한 어떤 것도 아니다.

산상수훈의 원리들, 특히 팔복은 지금 여기 지상에서 우리를 주장하는 목표들이다. 그 목표들은 이상(理想)이 아니다. 이상은 도달할 수 없다. 또 이상에 도달하려면 완전함이 필요하기 때문에 우리는 종종 좌절한다. 그리스도는 실현 불가능한 이상들을 설정하지 않으셨다. 예수께서는 목표와 이정표를 세워 주셨고, 목표에 도달하는 과정에서 우리에게 힘을 줄 수 있는 요소들을 정해 놓으셨다. 우리는 바다를 헤엄쳐 건널 수는 없겠지만 시냇물을 개헤엄쳐서 건널 수 있고, 강을 배영으로, 호수를 횡영(橫泳)으로 건널 수 있다. 심지어 우리는 섬에서 섬으로 바다를 자유영으로 건널 수 있다. 그러나 목표를 달성하는 것이 끝이 아니다. 곧 목표를 달성함으로써 우리는 또다른 수영법으로 헤엄칠 더 많은 힘을 얻게 될 뿐이다.

산상수훈을 이해하는 면에서 첫번째와 세번째 주장을 지지하는 사람들은 하나님을 기쁘시게 하고 열국들을 다스리기 위하여 목표들을 실현 가능한 이상들로 변경시킨다. 두번째 견해를 옹호하는 사람들은 목표들을 실현 불가능한 이상으로 바꾸고, 네번째 견해 지지자들은 현재의 목표를 미래의 이상으로 변화시킨다. 서로 다른 견해들을 지지하는 이들은 모두 요점을 놓치고 있다. **하나님은 정점(頂點) 자체보다는 과정에 더 관심이 있으시다. 목표를 따라가는 것 자체가 상급이 된다.**

만일 우리가 올림픽 수영 선수에게 이상적인 수영 선수에 관해 설명해 보라고 요구한다면, 이상적인 수영 선수는 완전한 동작, 곧 힘을 낭비하지 않고 스트로우크(stroke)를 하는 동시에 숨을 쉬는 사람이라고 말할 것이다. 완벽한 수영 선수는 풀장 끝에 이르러 방향을 바꿀 때 빠르게, 최대한의 힘으로 턴(turn)을 하는 선수일 것이다. 그는 어떠한 수영 선수도 매경기에서 그와 같은 이상에 도달할 수는 없다고 재빨리 말할 것이다. 이상은 도움이 되기는 하지만 운동 선수에게 동기를 부여하지는 않는다. 반면에 목표는 수영 선수가 노력하여 도달할 수 있는 것이다. 때때로 목표는 도달할 수 없는 것처럼 보일 수도 있지만, 운동 선수가 그 목표를 향하여 노력할 수 없을 정도로 그리

멀지는 않다.

　만일 국민학교 학생이 올림픽 경기에 참여하기를 바란다면, 이 어린이의 목표는 지난 올림픽 때 세워진 세계 기록을 깨뜨리는 것일 것이다. 그 목표는 멀리 떨어져 있으나, 그 아이가 도달하기 위하여 노력할 목표이다. 처음에 그 목표는 이상(理想)처럼 보일 것이다. 그 어린이가 수영하는 법을 배우고 수영장 이 끝에서 저 끝까지 첨벙거리며 헤엄쳐 갈 때 더 그렇게 보인다. 그는 그 기록에 근접하지 못한다. 그러나 그 아이가 고등학교와 대학교를 거치면서 계속 연습할 때 수영 선수의 자세와 동작을 세련되게 하고 그 올림픽 기록을 깨뜨리는 데에 필요한 훈련을 받음으로써 목표에 가까이 가게 된다. 그는 완전한 수영 선수는 되지 못한다. 그것은 이상이기 때문이다. 그러나 그는 올림픽의 기준에 이를 수는 있다. 그것은 달성할 수 있는 목표이기 때문이다.

　이상(理想)이 갖고 있는 문제는 우리가 이상 때문에 포기하게 된다는 것이다. 우리는 죄가 존재하지 않는 천국에 도달할 때까지 그 이상을 달성하는 일을 연기하기로 결심한다. 그러나 오로지 죽음의 행위를 통하여 이상에 도달하는 것이 예수께서 우리 앞에 설정하신 것은 아니다.
　이상은 하나님이 우리를 온전하게 만드실 때 이룰 수 있는 것이다. 목표는 다르다. 우리는 지금 목표를 향하여 노력할 수 있으며, 우리의 행동과 태도는 그 과정에서 영향을 받는다.

　우리가 처음에 목표를 바라볼 때는 그것이 실현 불가능한 이상이라고 생각될지도 모른다. 그것은 마치 체중을 130kg에서 70kg으로 줄이려는 목표와 같이 보일지도 모른다. 그러나 그 목표는 거기 있으며, 거기 있기 때문에 우리는 목표를 향하여 노력한다. 우리는 목표를 이루기 위해 절제한다. 먹는 것을 조절하며 우리의 생각을 절제한다. 즉, 목표는 우리 행동에 영향을 끼친다.

예수께서는 팔복과 전체 산상수훈에서 불가능한 이상들이 아니라 목표들을 설정하셨다. 그분은 자기 제자들이 새로운 삶을 충분히 습득하기 위하여 이들 목표를 향하여 노력하기를 원하신다. 처음에는 우리가 수영장에서 물장구를 치고 있는 국민학생처럼 느껴질지라도, 목표를 향하여 정진할 때 그 목표는 우리 삶 속으로 스며들어 우리 삶을 변화시키기 시작한다.

말씀을 듣는 대상들

목사가 라디오를 통해 방송되는 교회 실황 예배에서 설교할 때, 그는 1차적으로 자기 앞에 앉아서 예배를 드리는 회중들에게 말씀을 전한다. 그들 중에 어떤 사람들은 헌신되었고 어떤 사람들은 그렇지 않다. 또한 그에게는 라디오 청취자들이 있다. 목사는 그들을 의식하지만 우선은 자기 앞에 있는 사람들에게 설교한다. 설교 도중에 가끔, 특히 설교를 끝낼 즈음에 그는 라디오 청취자들에게 말할 수도 있다.

예수께서는 권위 있게 자기 제자들에게 말씀하셨는데, "제자"라는 말이 항상 열두 사도를 의미하는 것은 아니다. 이 말은 배우고 있는 사람들과 배우려고 예수님 주위에 있는 수많은 사람들을 의미한다. 어떤 사람들은 참된 제자들이었지만 어떤 사람들은 잠시 후 떠나갔다. 그분의 말씀이 그들에게는 너무 어려웠다.

예수께 헌신한 제자들과 그렇지 못하고 예수님 주변을 맴도는 피상적인 제자들 외에도 백성의 무리가 그분 주위에 모였다. 그 백성의 무리는 예수님의 가르침을 들은 후, 자신들의 율법 선생들과 비교할 때 예수께서는 권위 있게 말씀하셨기 때문에 놀랐다(마 7:28).

예수께서는 먼저 자신의 헌신된 제자들에게 말씀하셨지만, 영적인 외곽 지대에 있는 제자들을 의식하셨다. 또한 그분은 설교의 끝 부분에서 좁은 문과 넓은 문, 나무들과 열매, 지혜로운 건축자와 어리석은 건축자들에 관하여 말씀하셨을 때 백성의 무리에게 말씀하시는 것처럼 보였다. **따라서 예수께서는 세 무리, 곧 헌신한 제자들과 헌신하지 않은 제자들, 그리고 백성의 무리에게 말씀하셨다.**

위로부터의 말씀

예수께서는 산상수훈을 시작하시기 전에 산에 올라가서 앉으셨다. 그리스도께서 앉으신 위치가 우리에게 별로 중요하게 생각되지 않지만, 1세기의 세계에서 교사의 위치는 중요한 것이었다. 유대의 랍비들은 시장을 돌아다니거나 서서 가르치기도 했지만, 만일 그들이 권위 있게 가르치기를 원한다면 자리에 앉았다. 예컨대 교황은 권위 있게 말할 때 "자리에 앉아서"(ex cathedra) 말했다. 이 말은 "권좌로부터"(out of the chair)라는 의미이다. 교황이 교서를 발표할 때는 "ex cathedra"로, 즉 모든 권위를 동원해 선언하는 것이다.

종종 신학교들은 학과별(조직신학, 선교학, 전도학 등)로 '석좌 교수(碩座敎授:기업이나 개인이 기부한 기금으로 연구하도록 대학에서 지정한 교수) 후원'[endow a chair]을 받는다. 신학교 실무자는 다음과 같이 권유한다.
"귀하가 한 석좌(chair)를 후원하려면 50만불을 내야 하겠지만 저는 귀하게 그보다 훨씬 낮은 가격에 그 석좌를 줄 수 있습니다".
이때의 석좌(chair)는 가구로서의 의자가 아니라 그 자리와 관련된 권위를 가리킨다.

더욱이 많은 번역 성경들은 예수께서 "입을 열어" 그들에게 말씀하시기 시작했다고 말한다. 이 표현은 너무도 당연한 것 같다. 만일 입을 열지 않는다면 어떻게 가르치겠는가? 이것은 불필요한 표현이다. 그러나 다시 말하건대, 유대인의 저술들에 보면 항상 이러한 방법으로 권위 있는 교사들의 말을 서술한다.

앉아서 말씀하실 때 예수께서는 자기를 따르는 자들에게 그분의 왕국의 원리들에 관하여 말씀하셨다.

산상수훈의 요절

"**내**가 너희에게 이르노니 너희 의(義)가 서기관과 바리새인보다 더 낫지 못하면 결단코 천국에 들어가지 못하리라"(마 5:20).

바리새인들과 서기관들은 기도하고 금식하며 십일조를 드렸고 율법에 따라 살았다. 그러나 예수께서는 우리가 그들보다 더 잘해야 한다고 말씀하시지 않았다. 그분은 그들의 의(義)가 외적(外的)인 것이라고 말씀하신다. 그들은 자신들이 종교적인 행위로 말미암아 하나님께 인정을 받는다고 생각했다.

우리가 하나님 앞에 설 때, 우리는 그들보다 더 나아야 한다. 하나님은 외형적인 의가 아니라 내적인 의를 요구하신다. 그래서 예수께서는 우리의 의가 그들의 의와는 다른 성질의 것이어야 한다고 산상수훈의 요절에서 말씀하셨다.

다른 방법으로 표현하면, 예수께서는 우리의 존재됨이 우리의 행위보다 더 중요하다고 말씀하셨다. 의로운 행위들은 의로운 자세에서 나와야 한다. 그것이 바로 산상수훈이 말하는 전부이다.

제1장

인정(認定)의 증표

"예수께서 무리를 보시고 산에 올라가 앉으시니 제자들이 나아온지라 입을 열어 가르쳐 가라사대 심령이 가난한 자는 복이 있나니 천국이 저희 것임이요… 그러므로 하늘에 계신 너희 아버지의 온전하심과 같이 너희도 온전하라"(마 5:1~48).

미국의 심리학 전문지인 『Psychology Today』의 편집인들이 한번은 "행복이란 무엇인가?", "우리는 어떻게 행복을 얻는가?"와 같은 질문을 담은 설문지를 작성하여 조사를 했다. 그들은 독자들을 청하여 대답하게 했고, 두 달 후 설문 조사에 근거한 논문을 작성했다.

많은 사람들의 경우에 행복을 추구하는 것은 검은 고양이가 어디 있는지도 모르는 한밤중에 컴컴한 방 안에서 검은 고양이를 잡으려고 하는 것과 같다는 사실을 그들은 발견했다. 예를 들면, 행복에 관한 질문을 받았을 때 한 사람은 "모르겠는데요. 전 설문지를 다 채웠어요. 전 행복하다고 생각해요. 확인해 보세요"라고 말했다. 또한 논문은 행복과 직접 연결된 요인들은 매우 적다는 사실을 지적했다. 예를 들면, 돈이 많고 적은 것은 행복과 별로 관계가 없었다.

경제적인 여유가 없는 사람들은 종종 돈이 없다는 압박감을 느끼면서 한 달 31일 중에 21일은 신용 카드로 살아간다. 그들에게 돈은 모든 문제를 해결할 수 있고 행복을 안겨 줄 수 있는 것으로 보인다. 결과적으로, 복권에 당첨되는 것이 가장 멋있는 꿈이다.

이 설문 조사는 부자도 행복하지 않다는 사실을 보여 주었다. 행복의 파랑새는 큰 저택이나 큰 수영장, 또는 큰 지붕이나 많은 가구들 위에 앉을 수도 있겠지만 부자들의 내면 깊은 곳은 여전히 불행했다.

편집인들은 전국 도처에서 설문 답안을 받았는데, 지리적인 조건도 행복과 무관했다. 성적(性的)인 만족도 행복에 큰 차이를 주지 못했다. 편집인들은 쾌락과 행복 사이에 아무런 관계도 없음을 알아냈다. 우리는 그러한 사실들을 이해할 수 있다. 우리

중 몇몇은 음악회에 가서 웅장하고 매우 기분 좋은 음악을 듣지만 차가운 밤거리로 나설 때 내적인 공허감을 느낀다.

많은 사람들이 쾌락과 행복을 혼동한다. 사람들은 강도 높은 만족감을 얻기 위해 마약을 복용하고 코카인을 흡입하고 혈관에 헤로인을 주사한다. 자극이 너무 강하기 때문에 사람들은 그 일을 되풀이하고 싶어한다. 어떤 사람들은 술집에 가거나 편한 의자에 앉아서 몇 사람을 욕함으로써 만족을 찾는다. 그러나 마약이나 알콜에 중독된 사람들은 행복한 사람들이 아니다.

시인 이고르(Igor)는 그것을 이렇게 표현했다.
"쾌락은 이슬 방울같이 깨지기 쉬워서, 잠시 존재하지만 이슬 방울이 스러지는 것처럼 곧 사라져 버린다."
그리고 스코틀랜드 시인 로버트 번즈(Robert Burns)는 쾌락을 강에 떨어지는 눈송이에 비교했다. 눈은 잠깐 동안 하얗지만 곧바로 녹아 버린다.

『Psychology Today』의 설문 조사 결과는, 우리가 쾌락을 추구하여 즐길 수 있지만 쾌락이 반드시 똑같은 크기의 행복을 가져다 주지는 못한다는 사실을 보여 준다.

한 만화가는 자기 아내에게 으스대는 중산층 남편의 모습을 그렸다. 그는 종이를 가지고 소파에 앉아서는 그 위에 다음과 같은 방정식을 썼다.
"저당잡힌 것은 돈을 지불했고, 보험에 들어야 할 것은 다 들고, 아이들은 모두 건강하고, 우리 부부도 건강하다. 그리고 우리는 서로를 소유한다. 고로 우리는 행복하다."
그러자 그의 아내가 말했다.
『월터, 빠진 것이 없는지 한번 더 훑어 보시겠어요?』

앞에 열거한 것들의 합계가 반드시 행복과 동일한 것은 아니다.

행복의 조건

아마도 우리가 행복에 관하여 둔감하기 때문에, 예수께서 산상수훈의 초두에서 우리를 붙잡고 "복이 있나니"라는 낱말을 여덟 번이나 반복하신 것 같다. "복이 있나니"라는 말은 우리에게 직접 와닿지 않고 오히려 너무 경건하게 들린다. 바로 이런 이유 때문에 일부 현대어 성경들이 "복이 있나니"(blessed)라는 말 대신에 "행복하다"(happy)는 말을 사용한다. 만일 우리가 성경이 "행복하다"는 말을 사용하는 방법대로 그 낱말을 사용한다면 그렇게 해도 좋다.

영어 단어 "행복하다"(happy)는 불어와 중세 영어에서 유래했으며, 우발적인 것, 우연히 일어나는 어떤 일과 관계가 있다. 우리는 만일 어떤 일이 일어난다면 행복할 것이라고 말한다. 그러나 이때의 행복이라는 말은 "복이 있다" 또는 "행복하다"로 번역되는 헬라어 『마카리오스』의 용법이 아니다.

키프로스 섬은 통속적인 헬라어로 "마카리오스" 섬, 곧 축복받은 섬으로 불렸다. 이 개념은 키프로스 섬에 사는 사람들은 만족을 얻기 위해 키프로스 해안을 떠날 필요가 없었다는 것이다. 그 섬에는 자연 자원들과 광물들이 풍족했다. 키프로스 섬은 과일과 꽃이 있는 아름다운 섬이었다. 그 섬은 자족(自足)할 수 있는 섬이었다. 아무도 삶의 필요와 욕구를 찾아 헤맬 필요가 없었다.

"복이 있나니"라는 말이 갖는 "자족"이란 뜻 외의 다른 의미는 구약성경에서 유래한다. 하나님께서는 인간에게 복을 주셨고, 반대로 인간들은 하나님을 찬양했다. 하나님께서 그들에게 복 주셨을 때, 그분은 그들을 친히 인정하셨다. 또 그들이 하나님을 찬양했을 때, 그들은 하나님을 받아들였다. 그들이 하나님의 복을 받았다면, 그들은 하나님 앞에서 인정을 받은 것이다.

우리가 하나님의 복을 받을 때, 어떤 의미에서 우리는 필요한 모든 것을 갖춘 것이다. 즉, 우리의 행복은 환경이나 우연한 사건이나 근면함에서 오는 것이 아니다. 행복은 우리가 우주의 창조주 하나님 앞에서 인정함을 받아 서 있기 때문에 온다. 우리는 이러저러한 방법으로 다른 사람에게서 인정을 받으려 할 것이다. 그러나 전적으로 하나님의 은혜를 구하지는 않는다.

만일 우리의 인생에서 가장 중요한 것이 우리가 사랑하는 사람이나 동료들에게 인정을 받는 것이라면, 이 팔복(八福)은 우리에게 아무 유익이 되지 못할 것이다. **팔복은 우리가 하나님 목전에서 어떻게 인정함을 받을 수 있는지를 다루고 있다. 그리고 우리의 창조주가 인정하신다는 사실을 알 때에, 우리는 진정한 만족과 기쁨을 체험할 것이다.**

복이 있다는 의미는, 우리가 하나님 목전에서 인정함을 받는다는 사실을 앎으로써 느끼는 기쁨이나 행복을 말한다. 그것이 바로 예수께서 "인정받음"에서 오는 일종의 축복 또는 행복에 관하여 여덟 번이나 되풀이하여 말씀하신 이유이다.

제2장

정신의 중요성

"예수께서 무리를 보시고 산에 올라가 앉으시니 제자들이 나아온지라 입을 열어 가르쳐 가라사대 심령이 가난한 자는 복이 있나니 천국이 저희 것임이요… 그러므로 하늘에 계신 너희 아버지의 온전하심과 같이 너희도 온전하라"(마 5:1~48).

우리 주변에는 언제든지 바리새적인 신앙이 있다. 신앙의 가정에서 성장한 사람들은 바리새적인 체계를 잘 알고 있다. 요컨대, 품위 있고 도덕적인 부모는 그들 자녀들에게 행동 규범을 제시하는데, 그 규범에는 상급과 징벌의 체계가 들어 있다. 상급은 매우 미묘한 것, 즉 미소나 한마디 칭찬의 말일 수 있다. 징벌은 부모의 반대나 규범을 더 강하게 적용시키는 것이 될 수 있다. 그러나 자녀들은 기준과 규례를 안다. 더욱이 자녀들이 신앙의 가정의 구성원이라면 그들은 기독교적인 일들을 행한다. 부모는 그들을 교회로 데려가고, 그 결과 그들은 생후 1개월 정도의 어린 시기에 교회에 나가기 시작할지도 모른다. 부모들이 신생아를 데리고 교회에 참석하는 것은 매우 흔한 일이므로 우리는 교회에서 그런 갓난아이들을 볼 수 있다. 많은 어린이들이 기억하는 어린 시절은 주일학교, 교회, 신앙 활동에 관한 것들이다.

어떤 교파에서는 열 살 먹은 어린이들이 영접의 초청에 응하여 교회 강단 앞으로 걸어나간다. 어떤 교파에서는 어린이들에게 입교 문답을 하기도 한다. 그들이 처음으로 성찬식에 참석할 때 그것은 크게 경사스런 일이다. 어린이들은 부모들과 친척들이 그와 같은 활동들을 찬성한다는 사실을 알고 있다. 따라서 어린이들은 신앙 행위들을 상세히 이해하게 되고, 어린이의 자아 개념이 그와 같은 이해에서 생긴다.

사람들이 그들 자신을 어떻게 생각하느냐 하는 것은 다른 사람들이 그들을 어떻게 생각하느냐 하는 것에 의해 어느 정도 결정된다. 만일 부모가 "쟈니는 네 살 때 그리스도를 영접했어. 얼마나 멋진 일이니?" 또는 "메리는 처음으로 성찬식에 참석했는데, 예쁜 옷으로 차려입고 나왔더구나"라고 말한다면 아이는 곧 신앙적인 일들을 행하는 것을 좋게 여긴다. 아이는 교회에 감으로써 포근한 만족감을 맛보게 된다. 그러나 이 어린이들이 텔레비전을 보느라고 예배를 빼먹는다면 그들은 종종 죄의식을 느낀다.

신앙의 가정에서 자라나는 자녀들에게 일어날 수 있는 일은 다음과 같이 **세 가지**로 정리할 수 있다.

첫째로, 그들은 그들 자신의 신앙과 가치관을 가지려고 애쓸 것이다.
내 딸 비키는 텍사스 대학교에 들어갔는데, 졸업 후에 나는 놀리듯이 딸에게 대학에서 무엇을 교육받았느냐고 물었다. 나는 딸아이에게 학교 교육을 받게 했고, 그래서 그 대학교에서 무슨 교육을 받았는지 알고 싶었던 것이다. 딸아이의 대답에 나는 놀랐다.
"아빠, 전 텍사스 대학교에 들어갔을 당시에 아빠의 신앙과 가치관을 가지고 있었어요. 그러나 대학교를 졸업할 때 저는 저 자신의 신앙과 가치관을 가지고 졸업했지요. 그 신앙과 가치관은 우연히도 아빠의 것과 똑같지만, 그것들은 저 자신의 것들이에요."

둘째로, 어떤 자녀들은 반항할 것이다.
그들은 기독교적인 행위들을 배웠고 기독교적인 관습들을 받아들였고 어느 정도는 동의한다. 그러나 고등학교나 대학교에 입학하고 나면 그들은 거칠고 반항적이 된다.
대학 생활 1년 후 교회 출석도 그만두고 무신론자가 되는 자녀들이 많다. 그들은 자신의 신앙을 잃어버린 것처럼 보일지 모르지만, 사실 그들에게는 자신의 신앙이라는 것이 없었다. 자녀들이 대학교에서 발견하는 것은 '하나님은 어떠한 손자도 없다'(신앙은 개인과 하나님의 일대일 관계로서, 조상의 은덕으로 신앙이 유전되지는 않는다는 말임 – 편집자 주)는 사실이다.

때때로 자녀의 신앙은 할아버지의 시계처럼 되물림된다. 이런 신앙은 가족의 보물일지는 모르지만 그 아이 자신의 것은 아니다. 만일 그가 반항한다면, 그 반항은 신앙에 대한 것이 아니라 자기 자신의 것이 아닌 기준과 양식들에 대한 것이다. 신앙의 형체는 갖추어졌지만 그것이 결코 내면화되지 못한 것이다.

셋째로, 어떤 자녀들은 기준을 좇아 살기는 하지만 그 내면에 신앙이 없다.
이것은 신앙이 없는 관습일 뿐이다. 그들은 모든 종교적인 관습을 행하고, 엄마와 아빠가 찬성하기 때문에 그것을 좋은 것이라고 생각한다.

이러한 자녀들은 성인(成人)이 되어서도 충실하게 교회에 출석하겠지만 성경적인 의미로 죄를 이해하지는 못한다. 그들은 미키 마우스와 같은 만화 속의 도덕에 익숙하다. 그들 중에 다섯 정도는 기독교를 운명적인 것으로, 여섯 정도는 비참한 것으로 그리고 아홉 정도는 성가신 것으로 생각한다. 그들은 자신들이 스스로 행하지도 못하는 것들에 관하여 강한 확신을 가지고 있다. 만일 어떤 사람이 그들의 확신 중의 하나를 공격하면 그들은 그를 교회에서 쫓아낼 것이다. 이들을 가장 괴롭히는 것은, 자기들이 비난하는 일을 즐기는 사람을 보는 것이다.

지금까지의 말들이 기독교 가정에서 성장하는 것을 매도하는 것은 아니다. 왜냐하면 신앙적인 유산(遺産), 특히 성경을 배우는 일은 놀라운 것이 될 수 있기 때문이다. 그러나 만일 믿음으로 말미암는 의(義)가 아니라 자기 의로 끝난다면, 그것은 비극이다.

예수님은 스스로를 의롭게 여긴 사람들, 즉 자신들을 신앙적으로 완벽하다고 실제로 생각했던 사람들 때문에 괴로움을 당하셨다. 그들은 율법을 아는 사람들이었다. 그들은 계명과 의(義)가 무엇인지 알았고, 그것에 따라서 살 수 있었다. 그런데 예수께서는 이들과 같은 사람들에 대해서 가장 혹독한 말씀을 하셨다.

정신의 문제

바리새인들은 외적(外的)인 기준을 가진 사람들이었는데, 예수께서는 우리의 의(義)가 그들의 의보다 나아야 한다고 말씀하셨다(마 5:20). 그들은 매우 종교적인 사람들이었다. 대의 명분을 위하여 기꺼이 자신들을 비참하게 만들려는 사람들이었다. 그들은 생존에 필요한 음식마저 거부하면서 매주 월요일과 목요일에 금식하였다. 그들은 자신들을 아주 불편하게 만들기 위하여 그들 종교에 열심을 내어야 했다. 그들에게는 지켜 행해야 할 명령이 250개, 하지 말아야 할 금지 명령이 365개가 있었다. 그리고 그들은 대쪽같이 곧으려고 노력했다.

이와 같은 신앙 체계가 예수께서 말씀하시던 1세기에 성행하던 신앙이었다. 그러나 그분은 우리에게 290개의 계명과 500개의 금령이 없다면 우리가 천국에 들어갈 수 없다고 말씀하지 않으셨다. 판돈을 올리는 것같이 계명과 금령의 수를 늘리는 것은 아무런 도움이 되지 못할 것이다. 그렇다. 예수께서는 어떤 종류의 의(義)는 규례를 지킴으로써 나오고 어떤 종류의 의는 내면에서 나온다고 말씀하셨다. 그리고 내면의 의로움이 하나님 나라 시민들의 특징이 되어야 한다는 것이다. 예수께서는 그들 자신의 신앙을 찾은 사람들, 즉 그 내면이 변화된 사람들에 관하여 말씀하신다.

루이스(C.S. Lewis : 영국의 기독교 작가)는 무신론에서 유신론으로 전환하여 마침내는 그리스도를 믿게 되는 오랜 인생의 여정을 겪었는데, 새로 그리스도인이 된 자들은 하나님께서 그들 안에 들어오셔서 수도꼭지를 고치시고 깨진 유리창들을 접착제로 부치신다고 생각한다는 결론을 내렸다. 그러나 하나님께서는 전체를 개조하는 일을 하신다. 하나님께서는 벽들을 깨뜨리시고 새 구조물을 세울 기초를 다지기 시작하신다.

언제나 가장 접근하기 어려운 사람들은 선한 삶을 사는 사람들이다. 그들은 훌륭한 기초와 벽들을 세웠기 때문에, 자기들의 삶을 망쳐 놓는 사람을 원치 않는다.

만일 사람들이 바리새적 종교를 가지고 있다면, 그것은 대부분의 경우 그들이 행하지 않는 것으로 드러난다. 이런 식의 공동체는 흡연이나 음주, 도박과 주연(酒宴)을 금한다. 십자가와 다윗의 별, 곧 기독교와 유대교는 어느 곳에나 있다. 그러나 그것은 무덤과 같다. 그리스도의 종교는 죽음이 아니라 생명의 종교이다.

예수께서는 규례를 가볍게 취급하시거나 그것을 나쁘게 보지는 않으신다. 예수께서는 하나님의 인정을 받으려면 내면 깊은 곳에서 어떤 일이 일어나야 한다고 말씀하셨는데, 그런 변화는 규례를 지킴으로 생기지는 않는다. 우리는 규례와 종교 의식(儀式)을 지키면서도 여전히 참 종교를 가질 수 있다. 그러나 그것이 참 종교의 인자(因子)는 아니다.

20년 이상 알콜 중독자들과 함께 일해 온 사람이 있는데, 그는 왜 어떤 사람들은 수년 동안 금주하다가 어느 날 갑자기 술을 다시 마시기 시작하고 어떤 사람들은 술을 딱 끊고 다시는 술병을 잡지 않는지 그 이유에 대하여 고심했다. 그는 말하기를 어떤 사람들은 금주가가 되고 어떤 사람들은 절주(節酒)를 선호한다고 했다. 금주가들은 항상 다시 술을 마실 위험이 있다. 왜냐하면 그들에게 술을 끊는 것은 개혁의 문제이기 때문이다. 그러나 절주하기를 좋아하는 사람들에게 술을 끊는 것은 정신의 문제이다.

술을 금하는 것과 절주를 선호하는 것 사이의 차이는 종교적인 것(being religious)과 하나님을 사랑하는 것의 차이와 동일하다. 그리고 그것이 바로 예수께서 의도하신 것이다. 예수께서는 내면에 있는 종교, 곧 예수님과 갖는 관계에서 생기는 삶의 질(質)에 관하여 말씀하신다. 그러므로 축복은 예수 그리스도와 갖는 생명력 있는 생생한 관계로 말미암아 하나님께 인정을 받는 것이다.

천국 시민들의 특징이어야 할 그러한 태도들에 관하여 생각할 때 우리는 불편한 느낌을 가질지도 모른다. 그것이 바로 사람들이 궁극적으로 그리스도를 십자가에 못박은 이유이다. 창기들과 뚜쟁이들은 예수님을 죽이지 않았다. 예수님을 죽인 자들은 바로 종교적인 사람들이었다. 우리 생각에는 표준에 도달하고 있는 것 같지만 실상은 천국 문에 이르지도 못하고 있다는 사실을 깨닫는 것보다 더 불안한 것은 없다.

내 아내는 자녀들에게 피아노를 가르치고, 나는 보통 서재에 앉아서 그들에게 귀를 기울인다. 나는 아내의 능력에 놀란다. 또한 피아노를 치는 사람과 음악가의 차이에 놀란다. 어떤 사람들은 악보를 보고 연주한다. 그들은 쇼팽의 '즉흥 환상곡'을 음 하나 틀리지 않게 정확하게 연주한다. 그러나 그들은 사실 쇼팽을 연주하는 것이 아니다. 또다른 류의 음악가는 쇼팽의 정신을 이해하고 연주한다. 그 연주자의 내면에는 무언가가 살아 움직인다. 그래서 그가 연주할 때 그 황홀한 곡을 듣기 위하여 사람들은 돈을 아까워하지 않는다. 이 피아니스트는 쇼팽의 정신을 이해하고 있는 것이다.

사람들은 신들린 듯이 연주하는 사람에게 악보를 잊어버리라고 말하지 못한다. 악보도 중요하다. 그러나 악보대로 건반을 두드린다고 해서 모두 음악가라는 의미는 아니다. 어쨌든 음악가는 정신을 지녀야 한다. 그것이 없다면 악보는 별로 중요하지 않다.

예수님의 말씀을 알기 쉽게 바꾸어 말하면, 우리의 음악적 재능이 악보 잘 보는 연주자의 재능보다 낫지 못하다면 우리는 결코 음악가로서 연주할 수 없을 것이라는 뜻이다. 그리고 그것이 바로 예수께서 추구하시는 바이다. **예수께서는 악보에 우선적으로 관심을 가지신 것이 아니라 그 정신에 관심을 가지셨다. 정신에 투철한 사람들은 복 있는 사람이며 하나님께 인정받는 사람이다.**

제3장

심령의 파산

"심령이 가난한 자는 복이 있나니 천국이 저희 것임이요"(마 5:3).

미국의 대통령 선거 출마자들은 항상 다음 4년은 몇몇 소수가 아니라 모든 사람에게 과거 어느 때보다도 좋은 때가 될 것이라고 약속한다. 만일 우리가 그들의 임기(任期)를 충분히 늘려 준다면, 그들은 우리를 번영의 황금기로 인도할 것이다. 뿐만 아니라 그들은 칼을 쳐서 쟁기를 만들고 핵무기를 바꾸어서 농기계들을 만듦으로써 우리에게 세계 평화를 안겨 줄 것이다. 그들은 우리 자녀들의 필요에 관심을 가지기 때문에 교육을 최고의 수준으로 만들 것이다. 만일 농민들의 생활이 어려운 때라면, 한 대통령 후보는 자신이 선출된다면 농산물 가격을 올려놓겠다고 약속할 것이다. 이 세상 나라들에서 똑똑한 정치 후보자들은 심령이 가난하다는 것으로 선거 운동을 하지 않는다. 그것은 그들이 지도력과 행복과 성공은 심령이 가난한 것과 무관하다고 믿는 사회에서 선거 운동을 하고 있기 때문이다.

축복받고 행복한 사람들은 그 모든 것을 가지고 있는 사람들, 곧 기록을 계속 갱신하는 운동 선수, 베스트셀러 작가 또는 노벨상 수상 과학자와 같은 사람들이다. 우리는 이와 같은 사람들을 심령이 가난한 사람이라고 생각하지 않는다.

그러므로 예수께서 "심령이 가난한 자는 복이 있다"(the poor in spirit are blessed)고 선포함으로써 산상수훈을 시작하실 때 우리 사회에서는 상식에 어긋나는 말씀을 하시는 것처럼 보인다. 사실 이 말씀은 모순된 말씀이다. 이 말씀은 마치 "남에게 의지하여 생활하는 사람은 복이 있나니"라는 말씀처럼 들린다. 어쨌든 우리는 이 말씀이 사실이 아니라고 생각한다.

심령이 가난하다는 의미

우리는 예수께서 염두에 두지 않은 말씀을 설명함으로써 그분이

하시는 말씀의 참 의미를 새겨 보도록 하자.

예수께서는 "활력이 없는 자는 복이 있나니"(Blessed are the poor spirited)라고 말씀하시지 않았다. 세상의 무기력한 사람들과 인격 테스트 낙제자들은 그리스도의 말씀에 포함되지 않는다. 예수께서는 소극성을 조장하시는 것도 아니고, 사람들에게 "나는 하찮은 사람이다"라고 계속 말하는 찰스 디킨즈(Charles Dickens : 1812~1870년, 영국의 소설가로서 『크리스마스 캐롤』, 『올리버 트위스트』의 작가이다-편집자 주)의 소설에 나오는 우리아 히프를 본받으라고 말씀하지도 않으신다.

아브라함, 모세, 다니엘, 바울은 생기가 없고 소극적이며 삶에 마지못해 적응하는 사람들이 아니었다. 그들은 정신과 의사를 찾지 않고도 그 시대를 잘 헤쳐 나갈 수 있었다.

또한 심령이 가난하다는 말은 재정적으로 가난하다는 의미가 아니다. 빈민가 주민들이라고 해서 하나님에게 특별한 은총을 입을 자격이 있는 것은 아니다. 그것은 사람들이 믿고 싶어하는 신화(神話)일 뿐이다. 가난한 사람이나 부자나 모두 하나님 앞에 동등하다.

심령이 가난하다는 것은 우리가 하나님과 가지는 관계와 관련이 있다. 헬라어에서 "가난"을 의미하는 두 단어 중에서 여기에 사용된 단어는 절대 빈곤을 의미한다. 헬라인들은 하루 벌어 하루 먹는 사람들과 전혀 아무 것도 없는 사람들을 구별했다. 첫번째 부류의 사람들은 만일의 경우에 대비하여 남겨둔 것이 하나도 없지만 매일매일 먹고 사는 사람들이고, 두번째 부류는 매일매일을 곤궁한 때로 생각하는 사람들이다. 즉, 그들에게 남아 있는 것이 하나도 없는 것이 아니라 전혀 아무 것도 없는 것이다.

본질적으로 예수께서는 "심령이 거지와 같은 사람들", 즉 영적으로 겸손한 사람들은 복이 있다고 말씀하신 것이다. 이 개념은 교만과 독선의 반대이다. 그러나 우리는 겸손의 의미에 관하여 이상한 생각을 가지고 있다. 우리는 종종 '겸손'(humility)과 '겸양'(modesty, 의식적이고 규격화된 겸손을 뜻함-편집자 주)을 혼동한다. 결과적으로 우리는 '교만'(pride)과 '자부심'(conceit)을 혼동하다.

겸손과 겸양, 교만과 자부심의 차이

우리는 겸손한 사람들이 겸양(modesty)이라는 사회적인 미덕을 지니고 있다고 생각한다. 그들은 경기장의 선(line)을 전적으로 신뢰하는 시시한 미식축구 선수들과 같은 사람들이다. 그것은 터치다운과 삶을 다루기에 좋은 방법일지 모르지만, 이들 선수들은 겸손한 사람들이 아닐 것이다. 겸양의 반대는 자부심(긍지)이고, 교만의 반대는 겸손이다.

　　성경에서 겸손은 하나님을 향한 미덕이고 교만은 하나님을 향한 악덕이다. 교만이나 겸손은 우리와 다른 사람들의 관계에 영향을 줄 것이다. 그러나 이 두 가지는 하나님 앞에서의 우리의 존재를 가장 잘 설명해 주는 용어들이다.

　　누가복음 18장에서 예수께서는 세리와 바리새인의 이야기를 하셨다. 바리새인은 자신이 토색(討索)하는 자나 간음하는 자나 세리들과는 다르게 사는 것을 하나님께 감사드렸다. 그는 일주일에 두 번 금식하고 하나님께 소득의 십일조를 드렸다. 이 바리새인이 한 말은 사실이었다. 즉, 그는 모범적인 생활을 했다.

　　이 바리새인은 자기 이웃을 궁지에 몰아넣음으로써 생계를 꾸려나가지 않았다. 또 상대방에게 불리한 조건을 내세우는 계약을 맺지 않았다! 그는 상거래를 할 때 홍정을 정당하게 했으며, 그의 말이 바로 보증서였다. 그리고 우리 시대처럼 성적(性的)으로 자유 분방해진 때에 그는 거리의 여자들과 성관계를 가지지 않았다. 고대든지 현대든지 간에, 어떠한 통례적인 규범들에 비추어 보더라도 그는 성공한 사람이었다. 그는 해마다 단순히 자기 수입의 십일조만 아니라 순수익의 십일조도 드렸다. 그는 하나님을 위해 자신의 생활 수준을 기꺼이 낮추려고 한다. 그리고 종교생활은 그에게 도움이 되었다. 그가 속한 공동체의 사람들은 그를 존경했다. 그 당시 사람들은 종교적인 출세의 표준으로 바리새인들을 바라보았다.

분명히 예수께서는 바리새인이 아니라 세리가 의롭다 여김을 받고 집으로 내려갔다고 말씀하셨다. 세리는 고대 세계에서 무뢰배였다. 만일 세리가 자신의 한계를 인정한, 실제로는 선한 사람이라고 생각한다면, 우리는 그 당시 사회에서의 세리의 위치를 이해하지 못하고 있는 것이다. 그는 우리 시대의 뚜쟁이들과 창기들과 같은 위치를 차지했다.

생계를 유지하기 위하여 세리는 로마 정부로부터 세금을 징수하는 권리를 샀다. 로마는 세리들이 얼마를 징수하든 상관하지 않았기 때문에, 그들은 거래가 이루어지면 그만큼 많은 세금을 거두어들일 수 있었다. 사업을 하는 모든 사람들이 세리의 제재를 받았다.

세금 비율을 알려 주는 로마 정부의 공문은 하나도 없었다. 로마의 감사원(監査院) 관리들은 어느 누구도 세리를 조사하지 않았으며, 세리와 함께 일하지 않고는 누구도 일할 수 없었다. 우리는 세리의 술책을 마피아의 술책과 비교할 수 있을 것이다. 세리는 사람들에게서 짜낸 가외의 수입은 얼마든지 자기 것으로

챙길 수 있었다. 세리의 일은 순전히 착취로 이루어져 있었다. 세리는 상대방의 목을 쥐고 있었고, 어느 누구도 그에게서 벗어날 수 없었다. 그는 자기 백성 유대인들에게는 반역자였으며, 로마인들에게는 송유관(送油管)과 같은 중요한 존재였다.

세리들은 사회의 쓰레기들이었다. 이 사람이 "하나님이여 불쌍히 여기옵소서 나는 죄인이로소이다"라고 기도했을 때, 어떤 사람들은 '그는 그렇게 기도할 수밖에 없다'고 마음 속으로 생각했다. 만일 그때 사람들이 최고의 죄인을 뽑는다면, 세리를 제일로 뽑았을 것이다.

그 사회의 규범에 비추어볼 때 바리새인들은 논란의 여지 없이 백성들 중에서 으뜸이었다. 그러나 예수께서는 세리가 의롭다 여김을 받았다고 선포함으로써 모든 사람들을 놀라게 하셨다. 그때 사람들은 "이것은 무시무시한 말씀이다. 도대체 어떻게 돌아가고 있는 것인가?"라고 말했을 것이 틀림없다.

어떤 사람의 기준으로 보면 바리새인은 세리보다 훨씬 나았다. 그가 사회에 있기 때문에 사회가 더 좋아졌다. 만일 오늘날 바리새인과 세리 두 사람 모두 선거에 출마한다면, 우리는 발벗고 나서서 바리새인을 지지하는 선거 운동을 할 것이다. 우리는 세리를 권외로 밀어내기 위해 무슨 일이든 할 것이다.
그리고 만일 이 두 사람이 모두 우리 딸에게 청혼을 한다면, 우리는 고상하고 솔직하고 신원이 확실하고 성품이 훌륭한 바리새인을 기꺼이 사위로 삼을 것이다. 그러나 만일 딸이 세리와 결혼하겠다고 한다면, 우리는 "냉수 마시고 정신 차려라! 네가 그 사람과 결혼해서 곤경에 빠지는 것을 원치 않는단다"라고 말할 것이다.

이 이야기가 어떻게 될까? 우리는 바리새인의 문제가 자부심이었다고 말할지도 모른다. 그는 분명히 더 나은 사람이지만 공공연하게 그런 식으로 기도하지 말았어야 했다. 우리는 일어나서 "감사합니다. 제가 이 모든 사람들보다 낫기 때문에 오늘 이 자리에 있습니다"라고 말하면서 성경 공부를 시작하지 않는다. 그 말이 사실일지 모르지만, 우리는 좀더 겸허해야 한다.

경건한 사람들은 그 바리새인처럼 말하지 않는다. 바리새인처럼 말하는 것은 옳지 않다. 그는 "정말이지, 당신도 알다시피 제가 할 수 있는 일에 최선을 다했어요"라고 말해야 했다.

우리는 그의 문제가 자부심이었다고 생각한다. 자부심은 으스대고 자랑하는 것이기 때문에 우리는 그것을 좋아하지 않는다. 그러나 그 사람은 자부심 때문이 아니라 교만 때문에 책망을 받았다. 그는 하나님의 목전에서 기도하며, 사회에서 문제가 되는 것은 천국에서도 문제가 된다고 생각했다. 바리새인은 하나님과 사람들이 동일한 것에 관심을 가지며, 자신은 대부분의 그 고장 사람들보다 낫기 때문에 인정을 받을 수 있다고 억측했다.

누가는 바리새인과 세리에 관한 이야기를 도입할 때, 예수께서 "자기를 의롭다고 믿고 다른 사람을 멸시하는 자들"(눅 18:9)에게 이 이야기를 하셨다고 말했다. 우리가 의로운 자인지 아닌지를 결정하는 그릇된 방법 중에 하나는 다른 사람들과 자신을 비교하는 것이다.

바리새인들은 이렇게 말했다.
"하나님, 당신은 제가 그들과 같지 않음을 당신께 감사드리고 있다는 사실을 아십니다. 당신이 저를 훌륭하게 만드시기도 했지만, 그렇게 만드실 수 있는 매우 좋은 재료를 가지셨던 것도 사실입니다. 만일 당신에게 나와 같은 천이 없었다면, 당신은 나와 같은 옷을 만드실 수 없었을 것입니다."
하나님 앞에서 그는 자신이 특별한 존재라고 생각했지만 사실상 그는 보잘것없는 사람이었다. **겸손이나 교만은 우리 인간이 하나님 목전에서 어떤 존재인가를 설명해 준다. 그리고 우리가 진정으로 하나님 앞에서 살 때, 우리는 우리 자신이 겸손을 너무나도 필요로 한다는 사실을 깨닫게 된다.**

우리는 세리의 겸손을 단순하게 생각할지도 모른다. 우리는 세리로서는 겸손하기가 쉬웠다고 말할 것이다. 요컨대, 그는 겸손할 수밖에 없는 많은 일을 행했다. 그 말에도 일리가 있다. 그런데 그것이 바로 예수께서 부유하고 유식하고 도덕적으로 깨끗한 자들보다 창기와 뚜쟁이와 세리들이 천국에 들어가기 더 쉽다고 말씀하신 이유이다. 후자(後者), 곧 창기, 뚜쟁이, 세리들은 적어도 자신들의 절실한 필요를 인식하고 있었던 것이다.

물론 세리들도 교만하여 다음과 같이 말할 수 있다.
"하나님, 제가 바리새인과 같지 아니함을 감사드립니다. 제가 비참한 삶을 살지 모르지만, 최소한 저는 제가 어떤 사람이라는 것에 관해서는 솔직담백합니다. 저는 기도를 길게 할 줄도 모르고 교회에 정기적으로 나가지도 않지만 위선자는 아닙니다."
어떤 사람들은 위선이 가장 악한 죄라고 생각한다. 그들은 자신들의 삶의 부패를 덮어 가리기 위하여 교활하게 약삭빠른 처신을 할 수 있다!

영적인 파산의 인식

바리새인과 세리의 이야기에서 어떤 도덕적인 교훈을 끌어 낼 수도 있겠지만, 그것은 본문을 왜곡하는 처사이다. 이 이야기의 요점은 세리가 자신의 비참한 처지를 알고 하나님의 자비를 구했다는 것이다. 그것은 심령의 가난함, 곧 영혼의 파산이다. 중요한 것은 우리가 다른 사람들과 어떤 관계를 가지는가 하는 것이 아니라 우리가 하나님 앞에 어떤 모습으로 서는가 하는 것이다.

에베레스트 산은 해발 약 8,000m이고 필리핀 해구(海溝)는 수심이 8,000m 정도 된다. 만일 잠수부가 지구에서 가장 낮은 곳에서 가장 높은 곳을 볼 수 있다면, 그 16km에 달하는 광경은 사람이 정상 위치에서 볼 수 있는 것과 엄청나게 차이가 날 것이다.

그러나 만일 우리가 태양 위에 서서 지구를 볼 수 있다면, 우리는 아마도 지구가 당구공처럼 표면이 밋밋하다고 말할 것이다. 그 위치에서는 에베레스트 산과 필리핀 해구의 약 16km의 차이가 보이지 않을 것이다. 지구에서 문제가 되는 차이점들은, 만일 우리가 우주에 있다면 문제가 되지 않는다.

어떤 사람들은 에베레스트 산처럼 높은 사람들이고 어떤 사람들은 필리핀 해구처럼 낮은 사람들이다. 인간적으로 볼 때는 그 둘이 엄청나게 차이가 있다. 그러나 하나님의 관점에서 이러한 차이들은 중요하지 않다. **중요한 것은 우리가 우리 심령의 파산 상태를 깨닫고 있는가 하는 것이다.**

두 사람이 각각 10억 원을 빚졌다고 가정해 보자. 빚을 갚기 위한 돈으로 한 사람은 100만 원을 가지고 있고 한 사람은 1,000원을 가지고 있다. 전자가 후자보다 상황이 낫지만, 그들이 10억 원을 빚졌다면 그들은 둘다 파산한 것이다.

예수께서는 파산, 곧 하나님을 필요로 하는 것에 대한 깊은 인식에 관하여 말씀하신다. 만일 우리가 하나님을 필요로 하지 않는다면 하나님께로 나아가지 않을 것이다. 그리고 우리가 하나님께로 나아가지

않는다면 천국에 들어가지 못한다.

심령이 가난하다는 것에 관하여 서술하는 것과 어떤 이에게 그 중요성을 확신시키는 것은 별개이다. 종교적인 사람들은 자신들이 죄인이라고 고백할 것이다. 그러나 그들은 그저 겸양지도(謙讓之道)를 발휘할 뿐이다. 신학교 교장으로서 나는 우리 사회에서 아마도 외적(外的)으로는 표준에 도달할 것이다. 그러나 산상수훈은 나의 내심을 꿰뚫는다. 내심으로는 나는 내가 어떤 사람이 되기를 바라고 또 어떤 사람이 되어야 하는지를 알지만, 나는 그 둘 중의 어느 것도 아니다.

찰스 콜슨(Charles Colson)은 그의 저서 『하나님을 사랑하는 것』(*Loving God*)에서, 우리가 우리 죄들을 "하나로 뭉뚱그려서" 볼 때는 별로 그 죄로 인해 괴로워하지 않는 것 같다고 언급했다. 이것은 마치 우리가 1,000조 원 이상의 국채(國債)가 있다는 사실을 알아도 그것 때문에 괴로워하지는 않는 것과 마찬가지이다. 그것은 대통령의 문제이다.

어쨌든 우리는 자신의 죄를 더욱더 개인적인 것으로 인식해야 한다. 우리는 1,000조 원을 빚진 것보다 500만 원을 빚진 것을 훨씬 더 염려한다. 우리는 자기 자신의 추한 모습을 구체적으로 인식할 때 그것이 얼마나 비참한 상태인지를 깨닫는다.

어머니는 내가 어렸을 때 돌아가셔서 아버지가 나를 키우셨다. 사실 아버지는 나를 키우기 위해 자신의 생애를 바치셨다. 언젠가 대학 시절에 내가 아버지께 왜 재혼하지 않으셨느냐고 여쭙자, 아버지는 "너를 어머니처럼 돌보아줄 사람과 결혼할 자신이 없었단다. 그리고 난 그런 기회가 오기를 바라지도 않았단다"라고 말씀하셨다.

아버지가 연로하시자 내가 아버지를 모시게 되었다. 아버지는 기력이 쇠하셨고, 시간 개념도 없어졌다. 그 분은 한밤중에 집 주변을 돌고 침실 문들을 두드리곤 하셨다. 그 분은 어린아이였고 나는 부모처럼 되었다.

어느 날 내가 집에 있었는데 아버지는 외출하고 싶어하셨다. 나는 외출하실 수 있도록 준비를 해 드렸다. 그러나 그 날은 날씨가 추웠으므로 그 분은 즉시 집안으로 다시 들어오셨다. 그런 다음 나갔다가 또다시 들어오셨다. 세 번을 들락날락하자 나는 몹시 화가 났다. 그래서 나는 "아버지, 나가시든지 들어오시든지 하세요"라고 말했다.

아버지는 다시 나가고 싶어하셨다. 하지만 나가기가 무섭세 문을 노크하셨다. 나는 부아가 치밀어올랐다. 그 분은 약간 당황해서 나를 쳐다보셨다. 그 분은 나가지도 들어오지도 못하신 채로 문 앞에 서 있었다. 그래서 나는 그 분을 확 잡아채어 철썩하고 때렸다. 나는 그 분을 바닥에 때려눕힐 수도 있었을 것이다. 내가 아버지를 치자, 그 분은 노인네들이 보통 짓는 괴상한 표정을 하고는 나를 쳐다보셨다.

그 날 나는 내 안의 추악함을 보았다. 그것은 소름 끼치는 기억이다. 그 일을 문득 생각하자 나는 파산, 곧 내 인생의 부패함을 깨달았다. 나는 아버지가 계속 우리 집에 머무시기를 바란다. 그러나 아버지가 계속 머무시는 것을 진정으로 원하지는 않는다고 아버지께 솔직히 말할 수가 없었다. 나는 그 날 아버지께 우리 집에서 나가 달라고 말씀드리려고 했다. 나는 내 행동을 변명하면서 이렇게 말할 수 있다.
"노인들은 항상 그렇다니까. 그들은 늘 화를 자초하지."
사실상 그때 나는 충동, 즉 살인의 충동을 느꼈다.

우리가 우리 삶을 정직하게 바라볼 때 무슨 일이 일어나는가? 만일 우리 마음 속에 있는 것들을 지워 버린다면 우리는 스스로를 의로운 자로 여기며 살아갈 것이다. **그러나 우리가 파산, 곧 심령의 가난함을 깨닫는다면, 우리는 예수님의 발 아래 엎드려서 자비와 용서를 구할 것이다.**

우리들 모두는 용서하시는 하나님의 은혜가 필요하다. 이러한 사실을 이해하는 사람들은 하나님의 자비와 용서를 구해서 천국으로 들어간다. 사무엘 러더포드(Samuel Rutherford)가 말한 바와 같이 말이다.
"머리를 숙여 절하라, 머리를 숙여 절하라, 천국으로 들어가는 문은 낮다."

제4장

갚을 수 없는 빚

"애통하는 자는 복이 있나니 저희가 위로를 받을 것임이요"(마 5:4).

아랍 속담에 "항상 햇빛만 비추면 사막이 생길 뿐이다"(항상 좋은 일만 있는 것은 그 사람에게 해가 된다는 뜻임 – 편집자 주)라는 말이 있다. 그러나 세계 제일의 자리를 차지한 성공한 사업가에게 애도의 뜻을 표한다는 것은 상상하기 어려운 일이다.

팔복 중의 두번째 복, 곧 "애통하는 자는 복이 있나니 저희가 위로를 받을 것임이요"라는 말씀은 첫번째 복과 마찬가지로 역설적인 내용이며, 첫번째 복에서 생겨난다. 그리스도께서는 "슬퍼하는 자는 행복하다"라고 말씀하셨다. 우리는 이 말씀을 다른 식으로 바꿔 쓰고 싶어할 것이다. "눈물 한 방울 흘리지 않는 자는 행복하다"라는 말이 훨씬 그럴 듯하다. 어떻게 슬픔이 인생에 유익을 줄 수 있는가? 이 애통의 원리는 이해하기 쉽지 않다. 만일 우리가 나쁜 일로 슬퍼한다면 우리는 비참해질 것이다. 어떤 사람들은 다른 사람들보다 돈이 없고 좋은 직장이 없고 재능이 없는 것을 슬퍼한다. 또 어떤 사람들은 병자를 위해 또는 죽은 자를 위해 슬퍼하느라고 그들의 인생을 허비한다. 그 중 어떠한 애통도 그리 도움을 주지 못한다.

애통의 의미

역경에 처할 때 우리는 성장할 수 있지만, 예수께서는 이루어지지 않은 꿈이나 개인의 비극을 슬퍼하는 것에 관하여 말씀하지 않으셨다. **여기서 애통함은 죄에 대한 슬픔이다. 이러한 의미에서 팔복 중의 두번째 복은 첫번째 복을 감성적으로 표현한 것이다.** 심령이 가난한 사람은 자신들이 하나님을 필요로 한다는 사실을 깨닫고 자신들의 죄를 슬퍼하는 사람들이다.

우리가 하나님의 필요를 인식하고 죄에 대해 슬퍼할 때 하나님께서는 우리를 위로하신다. 그리스도인의 삶은 우리의 타락함을 깨달고 하나님께로 향하여 나아가고 일어서는 것을 반복하는 과정이다. 우리가 마땅히 되어야 하는 우리의 됨됨이로부터 얼마나 멀리 있는가를 깨달을 때 그 과정이 시작된다.

나는 일류의 지성(知性)을 가진 저명한 과학자들을 몇 명 안다. 이들은 각자 자기 분야의 제 1인자들이다. 그들은 무지함을 깨달았기 때문에 1인자가 될 수 있었다. 모든 것을 안다고 생각하는 사람들은 아무 것도 성취하지 못한다.

내게는 뛰어난 구약학자인 친구가 한 명 있다. 그는 몇 년 전에 이러한 말을 했다.
"나는 벌써 쉰네 살이나 되었지만, 내 분야에 대해서는 감(感)도 잡지 못했네."

내가 열 살이었을 때 열세 살 먹은 사촌이 계속해서 내게 나의 무식함을 일깨워 주었다. 그것은 비참한 일이었다. 하나님께서는 결코 그러한 일이 일어나지 않도록 하셔야 했다! 그릇된 자아상을 이야기하다니! 사촌은 내게 다음과 같이 말하곤 했다. "내가 모르는 것을 네가 아는 것이 있으면 하나만 말해 봐. 말해 보라니까! 어서 무엇인지 생각해 봐."
나는 제시할 것이 하나도 없다는 것을 알았다. 그는 나보다 3학년이나 위다. 운동이나 무슨 과목에서든 그는 나보다 더 많이 알았다. 나는 소년 시절 이후 많은 것을 배웠고, 이제 그를 능가할 수 있을 것이다. 그러나 기껏해야 우리는 둘 다 조금 더 많은 사실을 알 뿐이다.

조만간 우리는 의학계나 법조계나 부동산업계나 그 외에 우리가 전혀 모르는 분야에 진출할 것이다. 그것이 우리가 배우기 시작하는 방법이기 때문에, 우리가 대성(大成)할 때는 바로 그 때이다.

책상 앞에 앉을 때면 때때로 나는 내가 모르는 것에 대해 매우 실망하게 된다. 무지함을 슬퍼하는 과정은 나의 영적인 생활에서도 일어나야 한다. 하나님이 필요하다는 사실을 깨닫고 계속해서 그 사실을 의식할 때 나는 그분께로 더 가까이 나아간다. 그렇게 할 때 나는 내 죄를 슬퍼할 것이다. 하나님의 임재의 빛은 내 삶에 있는 더러운 때를 드러낸다. 그러나 나는 하나님께서 내 죄를 용서하신다는 사실을 알기 때문에 위로를 받는다. 나는 내가 용서함받은 죄인이라는 사실을 안다.

우리 죄의 직시에서 오는 은혜

우리가 우리 죄를 염려할 때, 죄에 관한 나쁜 생각을 함으로써 하나님을 영화롭게 하지는 못한다. 우리는 하나님께로 나아가 단순히 하나님의 은혜와 위로를 체험할 필요가 있다. 그것이 바로 축복이다.

그것이 바로 H.G. 스태포드(Stafford)가 다음과 같이 쓴 이유이다.

내 죄, 오, 이 영광스런 생각의 지복(至福),
내 죄, 부분이 아니라 전체가 십자가에 못박혔으니
내가 진 죄는 더 이상 없네.
오, 내 영혼아, 주님을 찬양하라, 주님을 찬양하라!

폴란드의 위대한 피아니스트이면서 작곡가인 파데레프스키(Paderewski)는 젊은 여성을 지도하였다. 그녀는 연주회에서 피아노를 연주하는 중에 곡을 잊어버리고 말았다. 그녀가 연달아 건반을 잘못 두드리자 마치 침대 스프링을 연주하는 듯한 소리가 났다. 연주회를 마칠 때까지 내내 실수를 하자 그녀는 결국 피아노 앞에 그냥 앉아서 울어 버리고 말았다. 파데레프스키는 그녀에게로 다가가서 볼에 입을 맞추었다. 그는 그녀를 껴안고 위로했다. 파데레프스키가 그녀가 정확하게 연주하는 것에 관심을 갖지 않았던 것은 아니었다. 그는 실패한 그 젊은 여성을 위로하는 것이 그녀로 다시 시도하게 하는 동기가 되리라는 사실을 알았다. 그녀의 좌절은 그녀가 더 많이 공부해야 할 필요성을 깨달았다는 신호였다. 그리고 그의 위로 덕분에 그녀는 어느 때보다도 그를 기쁘게 할 훌륭한 콘서트 피아니스트가 되기를 원했다.

심령이 가난한 자는 복이 있나니, 이는 하늘 나라가 저들의 것, 저들만의 것이기 때문이다. 자기 죄와 실패와 믿음의 부족함과 잘못에 관해 애통하는 자는 복이 있나니, 이는 그들이 위로를 받을 것이기 때문이다. 그리고 위로를 받을 때 그들은 복이 있나니, 하나님께서 그들을 용납하신다는 것을 알기 때문이다.

프레드 스미스(Fred Smith)는 품행이 나쁜 소녀를 입양한 부부에 관하여 말했다. 그 소녀는 1년 동안 그들과 함께 살면서 온갖 문제를 일으켰다. 매일 저녁 식사 후 그들은 궁극적으로 그 소녀의 삶을 변화시켰던 한 가지 일을 했다. 그것은 그 소녀에게 "내가 착하기 때문에 하나님께서 나를 사랑하시는 것이 아닙니다. 내가 귀하기 때문에 하나님께서 나를 사랑하십니다. 그리고 그리스도께서 나를 위하여 죽으셨기 때문에 나는 귀합니다"라는 말을 따라하게 하는 것이었다.

우리가 하나님께서는 우리가 선하기 때문에 우리를 사랑하시는 것이 아니라 우리 귀하기 때문에 우리를 사랑하시고, 예수께서 우리를 위하여 죽으셨기 때문에 우리가 귀하다는 사실을 깨닫기 시작할 때, 우리는 심령이 가난하게 되어 천국으로 들어가게 될 것이다. 회개는 우리의 필요에 대한 깨달음이다. 그리고 우리가 그 필요를 깨달을 때, 우리는 과감하고 거리낌없이 예수님의 발 아래 우리 자신을 던질 수 있다. 그분의 은혜는 우리의 필요를 채워 주실 것이다.

제5장

힘의 근거

"온유한 자는 복이 있나니 저희가 땅을 기업으로 받을 것임이요"(마 5:5).

남감리교 대학교(Southern Methodist University)에서 석사 학위 취득을 위해 공부할 때, 나는 대학 연극에서 작은 배역을 하나 맡았다. 여주인공을 맡은 여학생은 브로드웨이 배우가 되기를 꿈꾸고 있었는데, 그녀는 이미 냉혹하게 사리 사욕을 채우는 연예계를 이해하고 있었다. 연극 연습을 하는 동안 때때로 우리는 분장실에 앉아서 이야기를 나누곤 했다. 그 여학생은 기독교를 싫어했는데, 그리스도인들과 예수님도 마찬가지로 싫어했다. 그녀는 못난이들만 예수님을 따른다고 생각했다. 그녀는 온유한 자들이 땅을 기업(基業)으로 받는다고 전도하면서 다니는 사람을 진지하게 생각할 수 없었다. "당신과 나는 둘 다, 온유한 사람들도 땅 속으로(무덤으로) 들어간다는 것을 안다"고 그녀는 말하곤 했다.

그 여학생이 내게 한 말은 니체의 철학과 유사했다. 니체는 산상수훈의 일부인 팔복에 계시된 예수님의 윤리는 지금까지 들어 본 내용 중에서 가장 미혹적인 내용이라고 말했다. 그는 "온유한 자는 복이 있나니 저희가 땅을 기업으로 받을 것임이요"라는 말씀을 대할 때, "자신을 주장하라. 땅을 물려받는 자는 오만한 자이기 때문이다"라고 바꾸어 말했다.

우리는 예수님을 지지할 수 있을지 모르지만, 온유한 자가 땅을 기업으로 받는다는 개념을 변호할 능력이 없다. 우리가 그 말씀을 정말 믿고 있다고 분명히 말할 수도 없다. 사실 우리는 양 극단에서 그 개념을 의심한다. 우리는 온유함에 별로 매력을 느끼지 못한다. 따라서 온유한 자가 땅을 기업으로 받는다는 것에 대해 확신이 없다. 온유한 자가 천국에 들어갈 수 있을지 모르지만, 우리는 누가 땅을 얻는지를 안다. 교만한 자, 호전적인 사람, 다국적 기업들, 마피아단, 포르노 문화의 대가들, 군부 독재자들, 바로 그들이 땅을 차지하는 자들이다. 성공한 사람들은 단언하기를, 우리가 발전하려면 우리 자신을 주장해야 한다고 한다. 우리는 책임을 지는 사람이 되어야 한다. 레오 듀러쳐(Leo Durocher)가 1940년대의 멜 오트(Mel Ott)와 뉴욕 자이언츠(New York Giants) 야구팀에 관하여 말한 것처럼, "멋진 사내들이 마지막을 멋지게 장식한다."

온유함의 참된 의미

만일 우리가 "온유한 자는 땅을 기업으로 받을 것이라"는 표어를 쓴 포스터를 사람들에게 나누어 준다면, 사업가들과 정치 지도자들, 또는 종교 지도자들 중에 서둘러 그 포스터를 그들의 책상 앞에 붙여 놓으려 하는 사람은 거의 없을 것이다. 우리가 온유함에 관하여 갖는 불편한 감정은 단어의 의미에서 생기는 것 같다. 『온유함』(meekness)의 사전적 의미는 "용기가 부족함"(deficient in courage)이기 때문에, 우리는 이 말을 나약하다는 의미로 생각한다. 만일 우리가 단어 짜맞추기 테스트를 한다면, 대부분의 사람들은 온유한 사람이란 캐스퍼 밀케토스트(Caspar Milquetoast)와 같은 사람, 곧 포도알을 으깨는 일에 열중하는 사람이라고 말할 것이다.

헬라어에서 "온유하다"는 단어는 "온화하고 유순하다"는 의미가 아니다. 아리스토텔레스는 중용(中庸)의 의미로 이 단어를 사용했다. 이 단어는 극단적으로 분 내는 것과 전혀 분을 내지 않는 것의 중간 지점이다. **이 단어의 헬라어적 의미에서 볼 때, 온유한 사람은 자제력 있고 치우치지 않고 화를 내야 될 때 화를 내는 사람이었다.** 개인적인 모욕이 아니라 세상의 불의가 이 사람에게 문제가 되는 것이었다.

펠로폰네소스 전쟁(B.C. 431~404, 아테네와 스파르타 사이의 전쟁)에 한 젊은 병사가 자기 약혼녀에게 줄 선물에 관하여 편지했다. 그 선물은 흰색의 종마(種馬)였다. 그는 이 말을 "내가 지금까지 본 동물 중에서 가장 멋진 동물이요. 이 말은 매우 사소한 명령에도 순종하며, 주인이 전력을 다하라는 지시를 내리면 거기에 따른다오"라고 묘사했다. 그런 다음 그는 "이 말은 온유한 말이라오"라고 썼다. 이 병사는 말이 수줍어하거나 쟁기를 끌다가 사람들에게 얻어 맞는, 쟁기 끄는 늙은 말과 같다고 말하고 있는 것이 아니다. 이 말은 원기 왕성한 말이었지만, 그 기질은 말을 탄 사람에게 복종하는 것이었다.

"온유하다"는 단어와 긴밀하게 관련된 의미는 통제 하에 있는 힘의 개념, 곧 우리 자신보다 더 위대한 어떤 분에게 복종한다는 개념이다. 우리가 온유함을 약함으로 볼 때, 성경이 보여 주는 예들이 이러한 시각과 모순된다는 사실을 발견한다.

모세는 땅에서 가장 온유한 사람이라고 했다(민 12:3). 이 말씀은 이상한 표현이다. 그는 애굽인들을 대적하여 반기를 들었고, 그러한 과정에서 한 명의 애굽인을 살해했다. 그리고 40년 후 그가 바로 앞에 섰을 때, 이 애굽 왕은 모세를 "온유하다"고 말하지 않았을 것이다. 이 사람이 약하고 수줍음을 잘 타고 내성적인 사람이었다면, 광야를 지나는 동안 거역하기 잘하는 이백오십만 명의 백성들을 이끌 수 없었을 것이다. 사실 그는 지팡이를 가지고 반석을 향하여 명령하지 않고 지팡이로 반석을 쳐서 물을 내게 하려 했기 때문에 약속의 땅에 들어가지 못했다. 그는 나약하게 보이지 않는다. 그런데 성경은 어떻게 그를 당시 가장 온유한 사람이라고 말할 수 있는가? 절제된 힘과 하나님에 대한 절대 복종으로 모세는 온유한 사람의 모범이었다.

그리스도는 자신을 "온유하고 겸손하다"(마 11:29)라고 하셨다. 어느 환전상(換錢商)도 예수님을 그렇게 부르지 않았을 것이다. 왜냐하면 예수께서는 환전상들의 책상을 뒤집어엎고 탐욕스런 마음을 가진 자들을 성전에서 쫓아내셨기 때문이다.

온유함은 복종(submission), 곧 제어 가능한 힘이다. 헬라인들은 허리케인(태풍)이나 통제할 수 없는 바람과 대조적으로 어떤 바람을 "부드럽다"(meek)고 표현했다. 아마도 제어 가능한 힘이라는 개념은 "관대함"(gentleness)이라는 말로 번역하는 것이 가장 좋을 듯하다.

온유함의 근거

팔복의 처음 두 복에 대한 세번째 복의 관계를 살펴볼 때 "온유함"을 "관대함"으로 이해하는 것이 좋다. 첫번째 복에서 심령이 가난하다는 것은 우리의 개인적인 파산, 곧 우리가 하나님께 진 빚에서 벗어날 수 없음을 깨닫는 것을 의미한다. 이 복은 내면 깊은 곳에서 우리가 죄 많은 사람들이며 하나님의 은혜와 용서를 절대적으로 필요로 하는 사람들이라는 사실을 아는 것이다. 두번째 복은 우리가 영적으로 가난한 자들이라는 인식을 감정적으로 표출하는 것이다. 우리가 실제로 우리 자신이 누구인가를 안다면 애통할 수밖에 없다. 우리가 각자 개인적인 죄들에 대해 애통해 할 때, 하나님은 우리를 위로하시고 그분의 은혜와 용서를 베푸신다. **우리의 절망한 처지에서 온유의 기질이 나와야 한다.**

만일 우리가 스스로를 우주의 중심에 있다고 생각하는 수천만의 다른 사람들과 똑같은 생각을 한다면, 온유함은 결코 우리 것이 되지 못할 것이다. 모든 일이 우리와 우리의 시각과 우리 소망과 우리 사업과 우리 계획을 중심으로 돌아가야 한다고 믿을 때, 우리는 계속해서 다른 사람들과 충돌할 것이다. 만일 우리가 그와 같은 삶을 산다면, 우리는 오만하고 공격적이며 항상 사람들을 업신여길 것이다. 또한 우리는 얼굴을 치켜들고, 다른 사람들이 우리 내면의 불행을 알게 될까봐 두려워할 것이다. 우리의 거짓된 얼굴은 왜곡된 힘의 상징이며, 우리의 진실한 감정을 숨기고 우리 자신을 다른 사람들보다 우월하게 보이게 하는 통로가 될 것이다.

헨리 드러몬드(Henry Drummond)가 우리 삶 속에서 우리를 "완전한 사람"으로 인정해 주지 않는 것에 대해 다른 사람들에게 화를 내는 것은 아마도 어떤 다른 종류의 죄보다도 더 심한 고통을 안겨 줄 것이라고 한 것은 옳은 말이다. 우리는 다른 사람들의 비난에 어떻게 대응하는가? 예수께서는 온유함이란 하나님 앞에서의 나의 존재에 대한 응답이라고 말씀하셨다. 우리가 우리 자신의 존재를 이해한다면 다른 사람들과 다르게 관계해야 한다.

스위스의 정신분석학자 칼 융(Carl Jung)은 누구도 우리를 완전하게 알지 못하니 참 다행이라고 말했다. 물론 하나님은 완전하게 아신다. 그리고 때때로 우리의 상태가 좀 나을 경우에는 하나님이 우리를 아시는 것처럼 우리 자신을 볼 수 있다. 그러나 만일 다른 사람이 우리를 현실 그대로 안다면 그것은 곤란한 일일 것이다. 그렇지 않은가?

때때로 나는 사람들이 나를 비판할 때 당황한다. 그러나 나는, 만일 그들이 그 날 아침에 하나님께 하는 나의 고백을 들을 수 있다면 그들은 내가 누구인지를 절반밖에 알지 못했다는 사실을 깨달으리라는 것도 안다. 만일 그들이 하나님께서 나에 관해 아시는 것을 안다면, 그들은 나를 비판할 수 있는 충분한 근거를 확보하게 될 것이다.

우리가 하나님 앞에서 살면서 하나님이 우리를 보시는 것처럼 스스로를 보고 우리의 감추어진 죄들을 고백할 때, 이것은 우리의 태도를 변화시킨다. 이러한 고백이 있을 때, 우리는 사람들에게 비방을 받더라도 화를 내거나 분노를 품지 않을 것이다. 왜냐하면 그들이 우리 마음을 알 수 있다면 그들이 이길 것이라는 사실을 우리는 알기 때문이다. 이 변화된 태도로부터 온유함과 복종의 의식과 관대한 마음과 하나님이 우리 삶 속에서 용서하신 것들에 대한 깊은 깨달음이 온다.

온유함의 결과

예수께서 "온유한 자는 땅을 기업으로 받을 것이다"라고 말씀하셨다. 이 말씀은 시편 37편에서 인용한 말씀이다. 시편 37편에서 기업의 개념이 여러 차례 반복되는데, 그것은 땅을 상속한다는 의미이다. 이것은 산상수훈에서도 동일한 의미이다. 예수께서 자기 제자들에게 장차 임할 그분의 나라를 위해 기도하라고 가르치셨을 때, 그분은 땅의 왕국, 곧 온유하고 하나님께 복종하는 사람들이 거할 곳을 의미하셨다. 그들은 이 나라를 일해서 얻거나 획득하는 것이 아니라 당당하게 그 나라로 행진해 들어갈 것이다.

기업(基業), 즉 유산(遺産)은 어떤 사람의 죽음을 통하여 주어지는 것이며, 사람들은 단순히 그것을 받는다. 우리가 그분의 나라가 임하기를 기도할 때, 우리는 불가능한 것을 꿈꾸고 있는 것이 아니다. 전체 성경은 그리스도께서 재림하셔서 문자 그대로 그분의 나라를 땅 위에 세우실 그 날을 향하여 초점을 모으고 있다. 그리고 천국은 하나님께 복종하고 자신들의 죄인됨을 알고 그 사실을 인정하고 하나님의 죄 사함을 인정하는 사람들, 바로 그들의 것이다.

그러나 또한 교만한 자들과 권세를 추구하는 자들이 땅을 기업으로 받지 못한다는 것도 사실이다. 히틀러는 나폴레옹을 추종했고 수없이 많은 사람들이 세계 통치를 추구했지만, 하나님은 가장 파괴적인 무기를 가진 자들의 편을 들지 않으셨다. 히틀러는 러시아의 겨울과 군대의 모양을 한 하나님께 부딪쳤으며 독일 국민은 결코 세계의 지배자가 되지 못했다. 인류의 전역사를 통하여 앗수르, 바벨론, 로마 같은 나라들은 무적의 나라들처럼 보였으며, 만일 우리가 그 전성기에 그 나라들을 판단했다면 무적의 나라들이라는 사실을 믿었을 것이다. 그러나 역사 전체를 통하여 그 나라들을 살펴볼 때, 오만한 자들과 권력에 눈이 먼 자들은 땅을 기업으로 받지 못한다는 사실을 발견한다.

열방들에 대한 이러한 사실은 동물계에서도 마찬가지이다. 권세 있는 자가 땅을 기업으로 받는다면, 동물계에서는 사자와 호랑이가 지배하고 양들은 더 이상 '음매에' 하고 울지 않아야 했을 것이다. 만일 우리가 사람들과 내기를 한다면 의심할 나위없이 우리는 참새보다는 오히려 독수리에게 돈을 걸 것이다. 그러나 사자와 호랑이와 독수리는 멸절(滅絶) 위기에 처한 동물들이다. 참새들과 어린 양들은 얼마나 많은가!

교만한 자들과 권세자들은 땅을 기업으로 받지 못한다. 모스크바와 워싱턴의 사람들은 이 사실을 이해하지 못하는 것 같다. 그들은 핵무기로 많은 땅을 휩쓸어 버릴지도 모르지만 땅을 지배하지는 못할 것이다.

교만한 자들은 인간 관계에서도 승리하지 못한다. 누구도 버릇없고 이기심 많은 친구를 원하지 않는다. 그와 같은 사람들 주변에 있는 사람들은 그들에게서 무엇인가를 원한다. 그들은 그들의 우정을 원하는 것이 아니다. 권세에 굶주린 자들은 외로운 사람들이다. 그들은 자신들이 땅을 소유하고 있다고 생각하지만 사실은 땅이 그들을 소유하고 있다. 그들은 항상 더 많은 것을 원하며, 더 많은 것을 바라는 시샘과 욕망이 곧 그들을 지배한다. 식당에서 그들은 가장 좋은 식탁을 차지하려고 싸운다. 비행기 표를 예약할 때 창가의 좌석을 얻을 수 없으면 그들은 싸움을 하려고 한다. 결국 그들이 얻은 것이란 위궤양뿐이다. 그들은 비참한 사람들이다. 누구도 그와 같은 사람들을 친구로 사귀고 싶어하지 않는다.

친절한 사람들, 온유한 사람들, 관대한 사람들이 적어도 땅을 즐기며, 그들이 가진 것이 무엇이든지 간에 그것을 즐긴다. 그들은 하나님 앞에 있는 자신들을 볼 때, 자신들이 받은 모든 것이 은혜로 주어진 것임을 안다. 지옥이 그들이 마땅히 가야 하는 곳이다. 그 사실을 알기 때문에 그리고 장차 하나님이 그들에게 땅을 주실 것이라는 사실을 알기 때문에, 그들은 힘을 통제하며 관대하고 온유한 삶을 산다.

제6장

끊임없는 식욕

"의에 주리고 목마른 자는 복이 있나니 저희가 배부를 것임이요"(마 5:6).

국제적인 음모에 관한 여러 권의 책을 쓴 프레드릭 포시드 (Frederick Forsyth)는 세상에서 가장 강한 동기 부여를 하는 것이 굶주림이라고 말한다. 팔복 중에서 네번째 복은 굶주림에 관한 것이다. 만일 우리가 오로지 처음 세 가지 복, 곧 심령이 가난한 자와 애통하는 자와 온유한 자에 관한 복을 가졌다면, 우리는 나쁜 자아상을 발전시켰을 것이다. 만일 우리가 그저 그 세 가지 복을 얻는 것으로 그친다면, 우리는 우리의 죄 많음과 우리가 그것을 애통할 수 없음과 다른 사람들 앞에서 우리가 그 사실을 숨긴다는 것을 인정해야 한다. 네번째 복에서 초점은 우리의 필요에서 우리의 소망으로, 곧 우리가 주리고 목말라 하는 것으로 바뀐다.

굶주림은 음식이나 쾌락이나 권세에 대한 것이라 해도 신성하다. 굶주림은 우리로 무언가를 추구하도록 한다. 광고업자들은 이 사실을 잘 이해하고 있다. 그들은 굶주림이 상품을 팔리게 한다는 것을 안다. 그들은 우리의 가장 깊은 욕구를 자극하여 상품을 사도록 부추긴다. 그들은 교묘한 방법을 써서 상품이 주지 못하는 것을 약속한다.

광고업자들은 삶의 기본적인 굶주림과 목마름은 포테이토칩 같은 즉석 음식과 탄산 음료로 충족될 것이라고 믿게 한다. 라스베가스와 르노와 아틀렌틱 시(미국의 유명한 환락의 도시들—편집자 주)에 관한 광고들은 즐거운 휴일을 약속하며 가장 깊은 욕구들이 충족될 것을 보장한다. 며칠 동안 그 도시의 식탁에서 즐긴 후에 사람들은 자신들이 큰 솜사탕을 먹고 있었다는 사실을 깨닫는다. 재미를 찾는 사람들은 그들이 그곳에 갔을 때보다 더 굶주린 배를 안고 그곳을 떠난다.

그리스도께는 다른 종류의 음식이 있다. 이 음식은 의(義)를 구하는 굶주림과 목마름으로 시작한다. 고대 근동(近東) 사람들은 운이 좋으면 일주일에 한 번 고기를 먹었다. 많은 사람들이 아사(餓死) 직전에 있었다. 그들에게는 제한된 소량의 음식이 있었으며, 그들의 배는 쉴 사이 없이 꼬르륵거렸다. 근동의 태양은 목구멍을 바짝바짝 타게 만들 수 있다. 사막에 사는 사람들의 얼굴에는 바람과 뜨거운 모래가 휘몰아쳤다. 그리스도 당대의 사람들은 굶주림과 목마름이 무엇을 의미하는지 알았다.

그리스도께서 굶주림과 목마름에 관하여 말씀하셨을 때 그분은 의로워지려는 강력한 소망을 뜻하셨는데, 이 소망은 필요를 깨달을 때 생겨난다. 그리고 그분은 팔복 중의 처음 세 가지에서 그러한 필요를 정확하게 지적하셨다. 사탕을 먹고 음료수를 들이키는 것은 그리스도께서 생각하신 바가 아니다.

의(義)에 대한 끊임없는 욕구

그러나 나는 의로움이 우리의 소망의 목록에서 가장 우위를 차지한다고는 확신하지 못한다. 아마도 우리는 의(義)가 무엇인지 확실하게 알지 못할 것이다. 만일 우리가 특정한 형태의 교회에서 성장했다면 우리는 흔히 부정적인 것들, 곧 삶과 삶의 기쁨을 무디게 하는 규칙과 규정의 측면에서 의를 생각할 것이다. 이러한 교회에서 의롭다는 것은 우리가 가고 싶어하는 곳에 가지 않는 것이며 우리가 가고 싶지 않은 곳에 가야만 하는 것이다. 그것은 재미있는 일을 하는 것이 아니라 터무니없는 것처럼 보이는 일들을 하는 것이다. 그것이 바리새인들의 의의 핵심이다. 그것은 부정적인 것이다.

만일 의가 부정적인 것이라면, 우리가 진정으로 의를 원한다고 말할 수 없다. 우리가 이해하고 있는 의에 대한 우리의 반응은 어느 성공회(聖公會) 신학자가 교회의 도덕적 권위에 관한 책을 논평하면서 쓴 글과 같다.

"이 책에는… 독자로 하여금 선하게 되고 싶게 하는 내용이 별로 들어 있지 않다."

"선한 사람들과 많은 시간을 보낸 후, 나는 예수께서 세리들과 죄인들과 함께 있기를 좋아하신 이유를 이해할 수 있게 되었다"고 마크 트웨인(Mark Twain)이 말했다. 우리는 때때로 의(義)라는 것 때문에 흥미를 잃는다. 그러므로 질문은 "우리는 의(義)를 어떤 의미로 이해하는가?"이다.

우리는 "의"(righteousness)라는 명사를 형용사로 바꿀 수 있지만, "의롭다"(righteous)는 말은 독선적이라는 말처럼 들려서 별로 어감(語感)이 좋지 않다. 만일 형용사형 어미인 "~롭다"(eous)를 떼어 버린다면 "옳음, 바름"(right)이라는 말이 남는다. 그렇다면 『의』란 "바르게 되고자 하는 소망"이다. 일부 신학자들이 설명한 것처럼 "의란 우리가 솔직하기 때문에 똑바른 것이다"(It is uprightness because we are down-right). 다른 말로 하면, 우리가 해야 하고 되고 싶어하는 바와 하나님이 우리에게 의도하신 바에 우리가 미치지 못하는 것을 깨달을 때, 우리의 소원이 달라진다. 우리가 우리 죄를 알고 그것을 인정할 때, 우리는 하나님이 원하시는 사람이 되기를 소원한다. 그리스도의 말씀의 위대한 점은 "의로운 사람은 복이 있다"고 말씀하시지 않고 "의에 주리고 목마른 자는 복이 있다"고 말씀하신 것이다.

우리가 배우자를 멸시하거나 친구에게 경솔하게 말했을 때, 우리는 먼저 자신의 말을 변명할지 모른다. 그러나 우리가 자신의 불친절함을 깨달을 때 우리는 달라지기를 바란다. 우리는 "의로워지기"를, 꼬부라진 지팡이가 아니라 곧은 막대기가 되기를 원한다. 이러한 소망은 우리 삶에 만족을 줄 것이다. 그러나 그것을 원하지 않는다면 결코 얻지 못할 것이다.

우리가 500칼로리의 음식을 먹고 체중이 약 130kg이나 나가게 되었을 때 가족의 유전인자를 탓하는 것과 같이 변명을 함으로써 우리 행동을 계속해서 변호하는 이상, 우리는 그리스도께서 충만히 채워 주시는 것을 경험할 수 없다. **의롭게 되는 것에 주리고 목마른 상태, 그것이 충만함을 받는 기본 조건이다. 우리는 한 번의 식사로 굶주림이나 목마름을 채우지 못한다. 다시 말해서 굶주림과 목마름은 살아 있다는 표이다. 이것은 계속되는 과정이다.** 청교도들이 주장한 바와 같이 "의롭게 되어야 할 필요를 느끼지 못하는 사람이 가장 절망적으로 그것을 필요로 하는 사람이다."

우리가 "의"에 주리고 목말라 한다는 것은 생명, 즉 영적인 생명의 표시이다. 중국 어느 지방에서는 장례를 지낼 때 음식 약간, 보통은 떡과 물을 관에 넣었다. 주검은 결코 "감사합니다"라고 말하지 않는다. 만일 우리가 장례를 치른 지 며칠 후에 시신을 파낸다면 떡과 물은 여전히 그곳에 있을 것이다. 만일 꽃의 향기를 맡을 수 없다면, 주검은 결코 떡과 물을 먹지 못한다! 주검의 특징은 바로 죽음의 상태이다. 그렇기 때문에 주검에게는 굶주림과 목마름과 냄새 맡는 것이 있을 수 없다. 배고픔은 건강과 생명의 상징이다.

만일 우리에게 의(義)에 대한 욕구가 없다면 그것은 위험한 징조이다. 무엇인가 잘못된 것이다. 하나님이 우리를 보시는 것처럼 우리 자신을 보는 것과 우리가 얼마나 멀리 가야만 하는지를 깨닫는 것이 바로 굶주림과 목마름의 시작이다. 하나님은 우리를 채워 주실 수 있지만 단 한번의 식사로는 안 된다.

우리는 다시는 먹을 수 없는 것처럼 생각하면서 추수감사절 식사를 먹어 대지만, 그날 오후 5시가 되면 우리는 먹을 것이 없나 하고 다시 부엌으로 간다. 단 한번 하나님의 식탁에서 식사하는 것도 굶주림과 목마름을 영원히 없애지 못한다. 우리는 계속해서 "의"에 대한 욕망을 가져야 하며, 계속되는 그러한 욕망 때문에 하나님은 계속해서 우리를 배불리 먹여 주실 것이다.

옛 찬송가 가사처럼 "양심 때문에 주저하거나 혹은 온당함(fitness)에 대해 어리석은 꿈을 꾸지 말라. 하나님이 요구하시는 유일한 온당함은 당신이 하나님을 필요로 함을 깨닫는 것이다." 우리가 우리의 필요를 깨달을 때, 그때에 우리는 복이 있다. 문제는 "우리가 얼마나 선하게 되기를 원하느냐"이다. 만일 우리가 의에 주린다면, 만일 우리가 의에 목말라 한다면, 하나님이 우리를 배부르게 하실 것이며 우리를 채우고 또 채우실 것이다.

어느 늙은 스코틀랜드 여인은 "오 하나님, 용서받은 죄인이 거룩하게 될 수 있는 만큼 나를 거룩하게 하소서"라고 기도하곤 했다. 이것은 선한 기도이다. 그리고 정직과 성실로, 필요를 깨달음으로 그렇게 기도하는 사람은 복 있는 사람이다. 온유한 자, 곧 하나님 앞에서 복종과 관대함으로 사는 사람은 땅을 기업으로 받을 것이다. 바로 그들이 하나님의 사람들이다. 그리고 하나님 앞에서 의롭게 되는 것에 주리고 목마른 자들은 복이 있다. 이 계속적이고 끊임없는 욕구는 계속해서 채움받을 것이다.

제7장
보상 계획

"긍휼히 여기는 자는 복이 있나니 저희가 긍휼히 여김을 받을 것임이요"(마 5:7).

요한 웨슬레(John Wesley)가 조지아 주(州)에서 선교사로 활동할 때, 총독 제임스 오겔도르프의 노예 중 한 사람이 포도주 한 병을 훔쳐서 다 마셔 버린 일이 있었다. 오겔도르프가 이 사람에게 태형(笞刑)을 가하려고 하자 웨슬레는 오겔도르프에게 가서 그 노예를 용서해 달라고 간청했다. 그러자 총독은 "나는 복수를 원하며 결코 용서하지 않을 것이오"라고 말했다. 이에 웨슬레는 "총독께서는 결코 죄를 짓지 마시기를 하나님께 바랍니다"라고 말했다.

웨슬레의 시대와 특히 고대 세계에서 자비(긍휼)는 종종 가치 없는 것으로 여겨졌다. 헬라인들과 로마인들에게 자비는 약하다는 표시였다. 그들은 공의와 용기와 훈련을 칭송했다. 어느 로마 철학자가 말한 것처럼, "자비는 영혼의 질병"이었다. 자비에 대한 고대인의 시각은 그 문화 속에 반영되었다. 아리스토텔레스에 따르면, 노예들은 살아 있는 연모들이었으며 따라서 비인간적인 취급을 당하였다. 단지 자기 노예들에게 싫증이 났다는 이유만으로 주인은 피에 굶주린 짐승들의 저녁 식사 거리로 그들을 원형 경기장으로 보낼 수 있었다. 만일 노예가 너무 늙어서 일을 못하면, 그는 부러진 망치나 녹슨 쟁기와 같은 취급을 받기도 했다.

아기들도 노예들과 비슷한 취급을 받았다. 만일 어느 여인이 팔이나 다리가 불구인 아들을 낳으면, 그 아버지는 아이를 폭풍우 속에 버려 죽게 내버려두었다. 그리고 적들에 관한 한, 유일한 선대의 대상은 이미 죽은 자였다. 적에게 자비를 베푸는 것은 절대로 생각할 수 없는 일이었다.

이러한 고대 세계 문화 속에서 예수께서는 이렇게 선포하셨다.

"긍휼히 여기는 자는 복이 있나니 저희가 긍휼히 여김을 받을 것임이요."

예수님의 이 말씀이 지금 우리에게는 다소 부드러운 말씀으로 들린다. 자비는 선한 압력일 수는 있다. 그렇다고 해서 우리가 우리 문화 속에서 자비롭다는 의미는 아니다. 우리는 패배자에게 약간의 자비를 베풀 수 있을지 모르지만, 대등한 사람이나 승리자에게 자비를 베풀지는 않을 것이다. 우리에게 의지하는 사람에게 자비를 베풀겠지만 때때로 이것은 단지 힘을 행사하는 방법일 뿐이다. 우리는 20세기 기독교의 영향 때문에 자비에 관해 더 잘 생각할 수 있을 것이다. 그러나 만일 우리가 주의깊게 그리스도의 말씀을 살펴본다면, 이 말씀은 1세기 사람들의 마음을 불안하게 한 것처럼 우리를 불안하게 할 것이다. 팔복 중의 다섯번째 복을 이해하려면 먼저 성경이 말씀하는 자비(긍휼)의 의미를 이해할 필요가 있다.

자비(긍휼)의 의미

신약성경에서의 "자비"(mercy)란 낱말은 분명히 히브리어를 헬라어로 번역한 것이다. 그 히브리어 단어는 영어로 번역할 수 없는 낱말이다. 아마도 가장 가까운 의미는 동정(sympathy)이나 감정 이입(empathy)일 것이다. 윌리엄 바클레이(William Barclay)에 의하면, 이 히브리어 단어는 "다른 사람의 내면을 꿰뚫다", "다른 시각에서 삶을 보다", "다른 사람이 경험하고 있는 것을 느끼다"라는 의미였다. 그러나 이 말은 느끼는 것 이상을 의미한다. **자비는 다른 어떤 사람들이 절망적인 상황에서 하는 것처럼 행동하고 생각하고 바라는 것이었다.**

우리가 "자비"의 의미를 살펴볼 수 있는 또다른 방법은 "은혜"(grace)와 비교하는 것이다. 은혜와 자비는 둘 다 하나님의 사랑을 반영한다. 은혜는 아무 공로 없이 얻는 호의인데, 이것은 하나님께서 우리가 받을 만한 자격이 없는데도 불구하고 우리에게 주신다는 의미라고 신학자들은 말한다. 은혜는 우리의 죄성(sinfulness)에 대한 하나님의 반응이고, 자비는 우리의 비참함(misery)에 대한 하나님의 반응이다.

 몇 년 전 내가 오클라호마에서 설교하고 있을 때의 일이다. 그 지방 사람 하나가 나의 사역에 감사하여 구두를 사 주겠다고 제안했다. 나는 약간 머뭇거렸지만, 그는 나를 구두 가게로 데리고 가서 점원에게 말했다.
"갈색 구두 세 켤레와 검정색 구두 세 켤레를 보여 주시면 좋겠습니다. 가장 좋은 구두들을 보여 주시고 이분이 가격표를 보지 못하게 하세요. 이분이 가장 마음에 드는 구두를 고를 수 있게요."
그것은 훌륭한 조처였으므로 나는 그렇게 했다. 그것은 은혜였다. 나는 구두를 받을 만한 자격이 없었다. 내가 맨발은 아니었기 때문이다!
 내게 구두를 사 준 사람은 나를 동정한 것은 아니었다. 나는 내 구두가 있었기 때문이다. 이것은 순전히 친절한 행위였다. 반면에 자비는 사람들의 필요에 대한 은혜의 반응이다. 자비는 불쌍함에 대한 반응이다. 즉, 자비는 상처 입은 자들을 이해하고 그들의 상처를 함께 느끼고 그들을 치료하기 위해 행동을 개시하는 것이다.

 만일 우리가 어린 자녀들을 길러 본 적이 있다면 자비가 어떤 것인지 이해할 수 있다. 내 딸 비키가 아장아장 걸어다닐 때, 한번은 감기가 들어서 열나고 목 아프고 코가 막히는 등 온갖 감기 증상을 다 나타냈다. 너무 아파서 훌쩍훌쩍 우는 딸아이가 불쌍했다. 나는 비키를 안아올려 내 목에 팔을 두르게 하고 꼭 껴안았다. 딸아이는 엉엉 울었다. 나는 가습기를 꺼내고, 빅스와 함께 아이를 문지르고, 내가 생각할 수 있는 모든 일을 했다. 딸아이는 여전히 잠을 잘 수 없었다. 나는 비키와 함께 꼬박 밤을 세웠다. 나는 아이의 침대로 기어들어가 그 아이의 고통을 대신해 주고 싶었다.

그러나 성경에서 말하는 자비는 아이를 동정하는 것 이상의 의미가 있다. 가정 파탄으로 고통을 당하지만 또 우리 집 차고 유리창을 서너 번 깨뜨리기도 한 거리의 아이에 대한 감정, 그것이 자비이다. 자비는 동정이나 감정 이입의 의미 뿐만 아니라 생각과 행동의 개념도 내포한다.

자비의 원리

"긍휼히 여기는 자는 복이 있나니 저희가 긍휼히 여김을 받을 것임이요"라는 다섯번째 복에 관한 말씀에서 예수께서는 자비의 원리를 보여 주신다.

어떤 사람들은 "다른 사람들이 당신에게 해 주기를 바라는 대로 다른 사람들에게 행하라. 그러면 그들도 그렇게 할 것이다"라는 뜻으로 이 원리를 이해한다. 즉, 우리는 우리가 베푸는 대로 받을 것이다. 우리가 다른 사람들에게 행하는 방법이 그들이 우리에게 행하는 방법을 결정할 것이다. 이 견해는 진리처럼 보이지만 반쪽 진리에 불과하다. 우리가 다른 사람들에게 자비를 베푼다고 해서 그들이 반드시 우리를 자비롭게 대하는 것은 아니다. 예수 그리스도는 한 로마 병사의 귀(베드로가 칼로 베어버렸던)를 다시 붙여 주셨는데, 그 사실 때문에 로마 병사들이 그리스도를 십자가에 못박는 것을 포기하지는 않았다. 자비를 베푼다는 것은 좋은 일이지만, 우리는 수없이 많은 로마인들을 이 사회에서 찾아볼 수 있다. 자비를 베푸는 자들은 때때로 발 아래 짓밟힌다.

사람들이 다섯번째 복을 이해하는 두번째 방법은 "하나님이 당신에게 해 주시기를 바라는 대로 다른 사람들에게 행하라"는 것이다. 이 경우는 사람들이 어떻게 반응할 것인가보다는 오히려 하나님이 어떻게 반응하실 것인가 하는 견지에서 팔복을 본다. 얼핏 보면 이 주장은 그럴 듯하게 보인다. 그러나 성경은 우리가 하나님의 자비를 얻을 수 있다고는 결코 가르치지 않는다. 하나님은 우리를 은혜로 대하신다. 하나님은 투자 중개인과 같은 분이 아니시다. 우리는 낡은 방법으로는 은혜를 얻지 못한다. 즉, 은혜는 우리가 얻어 내려고 해서 얻어지는 것이 아니다. 은혜는 선물이다. 하나님은 우리가 행하는 일 때문이 아니라 그분이 은혜의 하나님이기 때문에 은혜를 주신다.

우리가 사람들이나 하나님께로부터 자비를 얻을 수 없다면 예수께서 말씀하신 것은 무엇인가? **예수께서는 "하나님이 그분의 은혜와 자비 가운데서 우리에게 행하신 대로 우리가 다른 사람들에게 행해야 한다"고 가르치셨다.** 우리는 하나님의 자비를 살 수 없지만 자비를 입은 자들이다. 이러한 의미에서 다섯번째 복은 다른 네 가지 복에서 나온다. 우리가 첫번째 복에서 우리의 파산 상태를 알고, 두번째 복에서 우리의 죄를 슬퍼하고, 세번째 복에서 우리 하나님께 의지할 수밖에 없음을 깨닫고, 네번째 복에서 우리의 절망적인 필요로 인하여 주릴 때, 하나님은 은혜와 자비로 응답하신다.

처음 세 가지 복은 우리의 마음 상태를 다루지만 네번째 복은 우리의 자질을 다룬다. 즉, 우리가 하나님과 올바르게 되기 위해 필요한 것은 우리에게 부족함이 있다는 것을 절박하게 깨닫는 것뿐이다. 만일 우리가 하나님과 올바르게 되었다면 그 증거는 무엇인가? 우리가 자비를 얻었다는 증거는 우리가 자비를 베푸는 것이다. 따라서 자비는 자비를 얻은 결과로서 온다. 다른 사람에 대한 자비는 우리에 대한 하나님의 자비의 결과로 나타나며, 그것은 계속적이고 결코 다함이 없다.

마태복음 18장 21절에서 베드로가 예수께 물었다.
"주여 형제가 내게 죄를 범하면 몇 번이나 용서하여 주리이까 일곱 번까지 하오리이까."
베드로의 문제는 그가 용서의 한계를 알고 싶어했다는 것이었다. 베드로를 깔보기 쉽겠지만, 우리 중 몇 사람은 단 한번 용서를 베푸는 것도 어려워한다.

고대 랍비들은 한 사람이 세 번 용서를 베풀어야 한다고 생각했다. 만일 어떤 사람이 네 번 죄를 지었으면 더 이상 용서는 없었다. 베드로는 랍비들의 기준을 취하여 그것을 곱절로 불리고 완전함을 위해 한 번을 더하여 일곱이라는 수를 생각하기에 이르렀다. 일곱 번 용서를 한 다음에는 누가 또다시 용서를 베푸는 어리석은 짓을 하겠는가? 베드로의 해결책은 아주 너그러운 것처럼 보였다.

베드로는 용서를 수학 공식 같은 것으로 생각했다. 용서하는 회수를 세어 보고 그 무게를 달아 보고 그 길이를 재 볼 수 있는 그런 것으로 말이다. 그것은 "사람을 몇 번이나 사랑해야 하는가?" 정확히 계산하라는 질문에 답하는 것과 같다. 그와 같은 질문을 하는 것은 그 질문을 부정하는 것이다.

예수께서는 베드로의 질문에 일흔 번씩 일곱 번이라도 용서하라고 대답하셨다. 예수께서는 단순히 수사법을 사용하신 것이며, 무한히 용서해야 한다고 말씀하신 것이다. 용서하는 자들은 잊어버리는 사람들이다. 일곱을 세려면 앞의 여섯을 기억하고 있어야 한다. 용서하는 자들은 어떤 사건을 회상할 수는 있어도, 감정의 찌꺼기를 가지고 그 사건을 기억하지는 않는다.

만일 어떤 사람이 당신에게 5만원을 빌렸다가 나중에 그 빚을 갚는다면, 당신은 5만원을 빌려 주었다가 상환받은 사실을 기억할지 모르지만 그 빚은 이미 해결된 것이다. 당신은 기억 속에서 감정의 찌꺼기를 갖고 있지 않을 것이다. 용서하고 잊어버린다는 것은 우리가 과거를 회상하지 않는다는 의미가 아니라 그것 때문에 감정의 올무에 빠지지 않는다는 의미다. 예수님의 말씀에 따르면, 용서는 무한정으로 해야 하며 용서할 때는 감정적으로 과거를 들춰내지 말아야 한다.

우리는 어떻게 예수께서 가르치신 방법대로 용서를 하고 자비를 베풀 수 있는가? 예수께서는 한 가지 이야기를 통하여 그것을 설명하셨다.

한 왕은 자신에게 일만 달란트 빚진 사람과 셈을 결산하고 싶었다. 이 사람은 왕의 세리였던 것 같다. 그가 왕을 위해 한 일이 무엇이든지 간에, 이 사람이 손버릇이 나쁜 사람이었다는 사실은 분명하다. 그 당시 일반 노동자는 열 달란트를 빌리면 20년을 일해야 했다. 로마는 유다의 다섯 지역, 곧 유대와 사마리아와 갈릴리와 베레아와 이두매로부터 일년에 겨우 800달란트의 세금을 징수했을 뿐이다. 이 사람은 왕에게 일만 달란트의 빚을 졌는데, 이것은 약 240억 원 상당의 금액이었다.

이 엄청난 빚 때문에 그 사람은 왕에게 불려왔다. 왕은 그 사람의 모든 재산을 팔 것과 그 사람 자신과 그의 아내와 자녀들을 노예로 팔라고 명령했다. 고대 세계에서 노예는 16만 원에서 80만 원 정도의 값으로 팔렸다. 로마법에서는 빚을 이런 방법으로 해결할 수 있었다.

이 사람은 왕에게 자비를 구했고 왕에게 빚을 갚겠다고 약속했지만, 그는 천 년을 살아도 그 빚을 갚을 수 없었다. 그는 하나님 앞에 있는 우리와 같다. 우리는 우리가 하나님께 진 빚을 알고 빚을 갚겠다고 약속하지만 어떻게 할 바를 모른다. 이 사람은 시간을 얻어서 자신과 자기 가족이 노예로 팔리지 않도록 하려고 했다. 왕은 이 사람을 불쌍히 여겨 그의 빚을 탕감해 주었다. 그는 시간을 달라고 했지만 왕은 그를 용서해 주었다.

왕은 자비를 베풀었고 그는 떠났다. 그는 곧 자신에게 2만 4천 원 정도 빚진 친구에게 달려갔다. 그는 친구의 멱살을 잡고 자기 돈을 갚으라고 했다. 적은 돈을 빚진 이 사람은 그 사람이 왕 앞에서 한 똑같은 말로 자비를 구했지만, 그는 빚진 자를 감옥에 집어넣었다. 2만 4천 원은 갚을 수 있는 돈이지만, 감옥 안에 있으면 그 빚을 갚을 수 없다. 이 사람은 분명히 돈보다는 엄격한 공의와 보복을 원했다. 그는 로마법을 문자 그대로 지키려고 했다. 만일 빚진 자가 빚을 갚을 수 없다면 투옥된다는 법 말이다.

동정심도 없고 자비심도 없었다. 왕은 그 사람을 자비롭게 대했지만, 그는 다른 사람들에게 자신의 권리를 요구했다. 그 사람이 행한 행동에 관한 소문이 왕에게 들어가자, 왕은 그를 다시 불러들였다. 왕은 그 사람에게 정곡을 찌르는 질문을 하였다.
"내가 너를 불쌍히 여긴 것같이 너도 네 동료에게 자비를 베풀었어야 하지 않겠느냐?"

그런 다음 분노한 왕은 그가 빚진 것을 갚을 때까지 그를 간수들에게 넘겼다. 이야기는 이 시점에서 다음과 같은 경고로 끝을 맺는다.
"너희가 각각 중심으로 형제를 용서하지 아니하면 내 천부께서도 너희에게 이와 같이 하시리라"(마 18:35).
 이 마지막 말씀은 꽤 암울하다. 예수님의 말씀이 위협적으로 들린다. 이 모든 이야기는 무슨 의미인가?
 이 이야기에 나오는 일만 달란트 빚진 사람은 용서에 관하여 들었고 그것을 인정했지만 그 속으로 들어가지는 못했다. 그는 왕이 240억 원의 빚을 탕감해 준 것을 당연하게 여겼다. 용서받았다는 의식이 결코 그의 내적 삶까지 영향을 미치지는 못했던 것이다.

 그리스도의 비유는 우리 모두의 이야기이다. 우리는 천 번을 죽었다 깨나도 하나님께 진 빚을 결코 갚을 수 없다. 마지막 경고는 자기 영혼의 가난함을 결코 깨닫지 못한 자들에 대한 말씀이다. 그들이 깨닫는다면, 다른 사람들을 용서할 것이다.
 우리가 하나님의 자비를 헤아릴 때, 우리는 우리 영혼의 가난함을 깨달으며 우리 죄를 슬퍼하며 복종하며 용서에 주리고 목말라한다. 우리가 하나님의 자비를 공유한다는 증거는 다른 사람들에게 자비를 베푸는 것이다. 비유에 나오는 왕은 그 사람에게 감사의 마음을 표하라고 요구하지 않았다.

 하나님의 용서하심을 안다면 우리는 다른 사람을 용서할 것이다. 용서받은 사람은 용서하는 사람이다. 만일 우리가 용서하기를 거부한다면, 이러한 행위는 하나님에 대한 우리의 관계를 배반하는 것이다. 다섯번째 복은 이러한 맥락에서 이해해야 한다. **예수께서 산상수훈과 성경 전체에서 말씀하시고 계신 것은, 하나님의 자비와 죄 사함이 우리가 오직 지적(知的)으로 동의하는 신학적인 교리들이 아니라 가난에 시달리는 영혼, 애통과 온유와 굶주림으로 가득 찬 영혼의 경험들이라는 점이다.**

 미국 서부 해안의 어떤 교도소 간수인 케넌 스쿠더(Kenyon

Scudder)는, 결국 소년원에 들어감으로써 그 가족과 사회를 매우 당황하게 했던 오클라호마의 작은 마을 출신 소년에 관한 이야기를 해 주었다. 그 소년이 소년원에 들어갔을 때 그는 가족들에게서 거의 편지를 받지 못했다. 가족들은 글을 몰랐기 때문에 편지한다는 것이 쉬운 일은 아니었다. 그러나 그는 가족들이 편지를 보내지 않는 것이 그들에게 그 일이 어렵기 때문인지 아니면 자기를 완전히 포기했기 때문인지 확신하지 못했다. 석방 시기가 다가오자 그는 부모님께 기차를 타고 고향 마을을 지나가겠다고 편지했다. 기차는 부모님이 살고 계신 집 뒷마당을 지나가므로, 만일 부모님이 자신을 용서하고 받아들일 수 있다면 사과나무에 흰 리본을 매달라는 내용이 그 골자였다. 만일 리본을 보지 못하면, 그는 계속 기차를 타고 가서 영원히 그들의 삶에서 벗어날 것이다. 예상했던 대로 그는 부모에게서 답장을 받지 못했다. 마침내 그는 소년원을 떠나 고향행 기차를 탔다. 마을이 가까와 오자 그는 감정이 북받쳐서 창문가 자리에서 옮겨 앉았다. 그리고는 곁에 있는 승객에게 자신의 이야기를 자세히 설명해 주었고, 한숨을 쉬면서 "전 감히 창문 밖을 내다볼 수가 없어요. 제 대신 내다봐 주시겠어요"라고 말했다. 기차가 그 마을에 도착해서 그의 집을 지날 때, 곁에 있던 승객은 어깨를 감싸 주면서 이렇게 말했다.
"나무가 리본으로 덮혀서 온통 하얗네!"

만일 우리가 자신에게 정직하다면, 우리는 모두 하늘에 계신 아버지와 우리의 관계에서 그 오클라호마 출신 소년과 같은 감정을 느꼈을 것이다. 나는 그러한 감정을 느꼈다. 내가 얼마나 하나님을 실망시켰는가를 생각하고 (내가 그 소년과 같은 처지였다면) 나는 두려워서 고향으로 가지 못했을 것이다. 나는 먼저 편지를 보내 "제가 저지른 모든 일을 용서해 주시겠습니까?"라고 묻고 싶다. 결국에는 나 자신의 절박한 필요 때문에 집을 향해 길을 떠났었다. 나는 아버지 하나님을 보기 전에 십자가 모양을 한 나무를 보았다. 그 나무는 하얀 리본으로 뒤덮혀 있었다. 그때 아버지 하나님은 나를 만나려고 뛰어나와서 나를 오랫동안 꼭 껴안으셨다. 그분은 나를 팔로 감싸안고 "아들아, 괜찮다. 내가 너를 오래 전에 용서했단다"라고 말씀하셨다. 우리를 위해 매달린 하얀 리본들을 볼 때, 우리는 어디를 가든지 다른 사람을 위한 하얀 리본을 매달 수 있다.

제8장
청결한 행위

"마음이 청결한 자는 복이 있나니 저희가 하나님을 볼 것임이요"(마 5:8).

침례교 작가 켄 채핀(Ken Chafin)은 "선한 그리스도인은 어떤 사람인가?"라는 질문을 함으로써 침례교 신학교 학생들의 영성(靈性)을 조사했다. 그는 서로 다른 다섯 가지 대답을 얻었다.

첫째, 선한 그리스도인은 주일학교와 훈련 모임에 참석한다.
둘째, 선한 그리스도인은 교회 예배에 참석한다.
셋째, 선한 그리스도인은 기도회에 참석한다.
넷째, 선한 그리스도인은 십일조를 교회에 드린다.
다섯째, 선한 그리스도인은 사람들을 예수께로 인도한다.

이러한 대답들을 살펴본다면 다섯 가지 중에 최소한 네 가지는 조직과 관계가 있다. 이 네 가지는 의식(儀式), 곧 예배 의식과 관계된 것이다. 예배 의식이 반드시 잘못된 것은 아니다. 그러나 위에 열거한 일들에만 집착하는 '선데이 크리스챤'(주일에만 그리스도인 행세를 하는 사람)이 될 수도 있다. 그것은 종교 의식에 관한 문제이며, 거기에 치중하다 보면 때때로 문제의 핵심을 놓친다. 사람들은 서로를 보기 원한다. 다시 말해서 반드시 하나님을 보기를 원하지는 않는다는 말이다.

그리스도께서는 우리가 하나님을 보기 원하신다. 그분은 "마음이 청결한 자는 복이 있나니 저희가 하나님을 볼 것임이요"라고 말씀하셨다. 청결함이나 하나님을 본다는 것에 대해 생각하면 좀 무시무시해진다. 내가 국민학교 2학년 때 덧셈과 뺄셈을 배우자, 나보다 나이 많은 사촌이 긴 나눗셈으로 가득 찬 학교 시험지를 내게 보여 주었다. 나는 별로 길지 않은 나눗셈은 고사하고 짧은 나눗셈도 할 줄 몰랐지만, 그 시험지를 한번 힐끗 보고는 다음 해가 걱정되었다. 고백하건대, 내가 팔복 중 여섯번째 복에 대해 느끼는 감정은 국민학교 3학년이 되어서 긴 나눗셈에 대해 가졌던 두려움과 같은 것이다.

청결함의 의미

청결한 자에 관한 여섯번째 복이 나를 괴롭히는 이유로서 내가 생각할 수 있는 것은, 마음이 청결하다는 것과 깔끔한 것은 혼동하기 쉽다는 사실밖에 없다. 성적(性的)인 순결을 반대하는 자들은 순결을 지지하는 자들을 재미를 망치는 자들처럼 보이게 했다. 즉, 세상에서 아둔하고 답답한 자들이나 그런 주장을 한다는 식으로 말이다. 예수께서 "깔끔한 자들은 복이 있나니 저희가 하나님을 볼 것이요"라고 말씀하셨는가? 아니면 더 심하게 "죄없는 자들은 복이 있나니 저희가 하나님을 볼 것이요"라고 말씀하고 계신가? 만일 그것이 하나님을 볼 수 있는 자격 조건이라면 나는 지나가면서 한번 힐끗 쳐다볼 희망조차도 없다는 것을 안다. 예수께서 청결한 자라는 표현을 썼을 때 "깔끔한 사람"이나 "죄없는 사람"을 의미하지 않으셨다면, 그분이 의미하시는 것은 무엇인가? **청결이 초점을 맞추고 있는 것은 마음이라는 사실을 우리는 곧 알 수 있다. 예수께서는 마음 속 깊은 곳에서 나오는 청결을 의미하셨다.**

산상수훈 전체의 요절은 마태복음 5장 20절인데, 이 구절에서 예수께서는 우리의 의(義)가 바리새인들의 의를 능가해야 한다고 선언하셨다. 바리새인들이 가진 것보다 더 많은 명령이나 금지 명령에 따라 사는 것이 예수님의 요지가 아니었다. **바리새인들에게는 외형적인 의가 있었다. 그러나 예수께서는 우리가 하나님 보기를 기대한다면 내적인 의가 있어야 한다고 말씀하셨다. 이것이 문제의 핵심이다.**

마태복음 15장에서 우리는, 바리새인들과 종교 지도자들이 단지 그리스도께 그분의 제자들이 식사 전에 손을 씻지 않은 이유를 묻기 위하여 예루살렘에서 갈릴리까지 왔다는 이야기를 읽게 된다. 그들은 공중 위생이 아니라 정결 의식을 논의하러 왔다. 음식을 먹는다는 것이 정성을 다한 종교 예식일 수 있었으며, 바리새인들은 어떤 방법으로든지 손을 씻어야 했다. 이들 종교 지도자들은 하나님을 보려면 적절한 의식과 예식들을 거쳐야 한다고 믿었다.

로마인들이 한 유대인 랍비를 체포하여 그에게 딱딱한 떡 두 조각과 물 한 잔을 식사로 주었다. 이 랍비는 물을 마시지 않고 정결 의식으로 그 물을 사용하고는(그 물에 손을 씻음) 조상들의 유전(전통)을 지키지 못하는 것보다 오히려 죽는 편이 낫다고 말했다. 아마도 역사에는 그리스도를 위한 순교보다 종교 전통을 위한 죽음의 기록이 더 많을 것이다.

내가 뉴욕에서 성장할 때 가톨릭 교인인 내 친구 몇몇은 주말 일정이 대단히 난잡해지리라는 것을 예상하고 고해성사를 미리 하러 갔다. 그들은 과거에 지은 죄 뿐만 아니라 앞으로 지을 죄도 고백했다. 확신컨대 그들은 성당에서 그렇게 해도 된다고 배우지는 않았을 것이다. 만일 신부가 그 사실을 알았다면 그들의 고백을 인정하지 않았을 것이다. 내 친구들은 종교를 외형적인 것으로 만들어 버렸다. 가톨릭 교인들만 그렇게 하는 것이 아니라 개신교 교인들도 그렇게 한다.

기독교의 바탕을 의식(儀式)에 둘 때, 우리는 다른 사람들의 의식 실천을 평가하는 데 많은 시간을 소비한다. 우리가 그들보다 의식을 더 잘 지키는 이상, 우리는 기분이 좋다. 우리가 그러한 종류의 도덕적인 기준에 따라 살 때, 우리는 항상 더 낮은 수준에 있는 사람들을 바라본다. 우리는 다른 사람보다 더 훌륭하다고 생각하고 싶어한다. 그럴 때 우리는 항상 다른 사람들의 죄를 쳐다본다. 우리는 어떤 사람들이 직권을 남용하여 재물을 강탈하는 자이고 불의한 자이고 간음하는 자인지를 결정하는데,

특히 우리가 그런 사람이 아닐 때 그렇게 단정하여 말한다. 만일 우리가 계속해서 이런 방법으로 사람들을 판단한다면, 최고의 척도가 최저의 척도가 될 것이다. 낮은 수준에 있는 사람은 더 낮은 수준에 있는 사람과 자신을 비교할 것이다. 우리가 최소한 아돌프 히틀러보다 낫다고 말할 수 있기 때문에 그의 존재는 우리에게 위안을 줄 수 있다. 우리가 계속해서 우리 자신을 다른 사람들과 비교할 때, 하나님은 우리를 독선적인 사람으로 보신다. 예수께서는 예식과 의식이 아니라 청결한 마음에 관해 말씀하셨다.

그리스도께서 마음에 관하여 말씀하셨을 때, 그분은 인격의 핵심, 곧 인간의 가장 깊은 부분인 자아(自我)에 관하여 말씀하셨다. 이것은 그저 단순한 감정이 아니다. 토니 베네트(Tony Bennett)가 "샌프란시스코에 내 마음을 두었다네"라고 노래할 때, 그는 그 도시를 좋아한다는 뜻을 표현한 것이다. 그는 샌프란시스코에 대해 포근한 느낌을 가진다. 그러나 그것은 성경이 "마음"이란 말로 의미하는 바가 아니다. 마음은 감정을 포함하지만 느낌 그 이상의 것이다. 그것은 우리의 전존재(全存在)를 의미한다.

우리의 감정은 마음으로부터 나오지만(요 14:1), 우리의 생각도 마음에서 나온다(마 15:19). 사실 예수께서는 마태복음 15장에서 마음은 악한 생각, 곧 살인과 간음과 성적(性的) 부패와 도둑질과 거짓 증거와 중상(中傷)의 생각들을 품을 수 있다고 말씀하셨다.

마음은 우리의 감정과 생각과 의지의 자리이다. 선을 행할지 죄를 지을지 결정하는 것도 우리의 마음이다. 그러므로 우리가 "마음이 청결한 자는 복이 있나니"라고 말할 때, 그것은 "인격이 깨끗한 사람은 복이 있나니"라는 말과 같다.

청결하다는 것은 무슨 의미인가? 본래, 이 말은 옷처럼 깨끗한 어떤 것을 의미했다. 후에 이 말은 쭉정이가 없는 알곡이나 물이 섞이지 않은 포도주를 말할 때에 사용되었다. **따라서 청결한 마음을 가진 사람은 불순한 동기가 없는 사람이다. 그들은 하나님을 보고자 하는 소망에 불타는 사람이다.**

다른 복(福)과의 상관 관계

팔복 중에서 처음 세 가지 복은 우리 존재의 상태, 곧 심령이 가난함, 죄를 슬퍼함, 하나님 앞에서 온유함과 관계가 있다. 심령이 가난하다 함은 자신들이 하나님을 전적으로 필요로 함을 깨닫는 것이다. 애통하는 자들은 심령이 가난하다는 것이 의미하는 바를 감정적으로 표현한다. 자신들이 하나님을 전적으로 필요로 한다는 사실을 깨달을 때, 그들은 자신들의 죄를 직시하게 된다. 온유함은 하나님 앞에 복종하는 것이며, 하나님께 의존할 수밖에 없음을 깨닫는 것이다.

팔복 중에서 네번째 복은 처음 세 가지 복에서 나온다. 왜냐하면 우리가 우리의 참된 상태를 알 때, 우리는 하나님의 의(義)에 주리고 목마를 것이며 하나님께서 우리를 충족하게 채우실 것이기 때문이다. 하나님께로 나아가 충족하게 채워질 때, 우리는 다섯번째 복이 지적하는 것처럼, 하나님의 자비, 곧 긍휼을 받을 것이다. 우리는 다른 사람들에게 자비를 베풂으로써 하나님께로부터 자비를 받았다는 것을 나타낸다.

그런 다음 여섯번째 복에서 그 굶주림과 목마름과 배부름의 과정을 통과한 자들은 자비를 베풀 뿐만 아니라 청결한 동기도 갖는다. 청결한 마음은 자비를 받음으로써 생긴다.

그러나 이 과정은 하나의 주기를 이룬다. 다시 말해서 우리는 단번에 영원히 청결하게 되지 못한다. 이것이 바로 팔복이 작용하는 방법이다. 팔복은 자기 연민과 자기 칭찬이라는 두 시궁창에서 우리를 구원한다. 만일 우리가 팔복 중에서 오로지 처음 세 가지 복만 가졌다면, 우리는 자기 연민의 종교를 가진 것이나 다름없다. 설혹 우리가 이 문제에서 벗어난다 할지라도 우리 마음 한 구석에는 자만으로 가득 찬 종교가 숨어 있을 것이다. 만일 전력을 다하여 팔복을 지킨다면, 우리는 도덕적인 삶을 살거나 엄격하게 율법을 준수함으로써 우리 자신을 세울 수는 없다는 사실을 알게 된다. 자신의 필요를 깨닫고 하나님으로부터 그 필요가 채워질 때, 우리는 일어나는 모든 일들이 우리가 성실한 자라는 것과는 전혀 관계가 없고 하나님은 오로지 약한 자들에게 자비로우시다는 사실을 깨닫게 된다. 청결하고자 하는 우리의 소망은 바로 하나님의 자비에서 생긴다.

우리의 성장은 주기를 따라 계속된다. 우리는 결코 부족한 자의 자리에서 벗어날 수 없다. 오랫동안 그리스도인의 삶을 산 바울도 자신을 죄인 중에 괴수라고 했다(딤전 1:15). 우리가 우리의 필요를 깨달으면 깨달을수록 더욱더 하나님을 알게 되며, 우리가 하나님을 알면 알수록 우리의 필요가 더 커지며 하나님을 대면하고 싶은 갈망과 그분의 채워 주심과 자비를 구하는 마음도 더 깊어진다. 우리는 하나님을 반드시 필요로 한다.

이와 비슷한 주기가 음악에 있다. 피아노를 막 배운 소년은 베토벤 소나타를 연습하다가 그것에 싫증이 날 수 있다. 그러나 하루에 열 시간 연습하는 반 클리번(Van Cliburn:미국의 피아니스트)과 같은 사람은 단숨에 그 베토벤 소나타를 이해하고 연주하여, 세련되지 못한 귀로 듣기에 완벽한 것처럼 연주할 수 있다. 그러나 그는 계속 되풀이하여 연습할 것이다. 왜냐하면 그가 완전에 가까워지면 가까워질수록 완전함에서 더욱더 거리가 멀어질 것이기 때문이다. 목표에 더 가까이 나아가면 나아갈수록, 그는 자신이 그 목표에서 얼마나 멀리 떨어져 있는가를 더 절실히 깨달을 것이다.

하나님을 알게 될 때, 우리는 우리가 하나님께로 더 가까이 나아갈수록 더욱더 죄를 깨닫게 된다는 사실을 발견한다. 바로 이러한 깨달음에서 심령의 가난함과 죄에 대한 애통함과 하나님께 의지함과 의(義)에 주리고 목마름이 생긴다. 우리가 자비를 받을 때, 우리는 더 많이 자비를 베풀게 되며 청결하고자 하는 우리의 소망은 더욱더 커진다. **청결은 죄가 없는 완전한 상태가 아니라 하나님께 더 가까이 나아가는 과정을 통하여 생기게 되는 깨끗함이다. 우리가 이러한 과정을 거칠 때 우리는 참으로 하나님을 보게 된다.**

하나님을 본다는 것은 하나님의 존재를 인식하고 이해하며 깨닫는 것을 의미한다. 예수께서는 바리새인들이 영적인 것, 곧 하나님의 존재에 대해 눈먼 자들이기 때문에 그들을 눈먼 안내자들이라고 부르셨다(마 15:14). 모세는 바로를 두려워해서가 아니라 보이지 않는 하나님을 보았기 때문에 애굽을 떠났다(히 11:27). 떨기나무 불꽃 체험으로 모세는 하나님을 깨닫고 인식하게 되었던 것이다.

우리는 우리가 보고자 하는 바를 본다. 또 우리가 어떤 존재인가 하는 것이 우리가 보는 바를 결정한다. 두 사람이 박물관에 갔다. 한 사람은 "바로 이것이 예술이야!"라고 감탄했다. 다른 한 사람은 "이게 예술이라고?" 하고 큰 소리로 반문했다.

마음이 청결한 사람은 하나님을 인식하지만, 청결하지 않은 사람은 다른 것을 본다. 나는 신학생이었을 때 우체국에서 일했다. 우체국에서는 특히 크리스마스 때, 여러 명의 임시 직원들을 채용했다. 나는 성적(性的) 부도덕함에 마음을 빼앗긴 두 사람과 함께 근무했던 일을 기억할 수 있다. 나는 어떤 종류의 인간 쓰레기들이 어린이 포르노에 빠지는지 의아해 하곤 했는데, 바로 그 두 사람이 그런 작자들이었다. 온갖 종류의 음담패설, 그것이 그들이 이야기하는 전부였다. 그들이 누구인가 하는 것이 그들이 보는 내용을 결정했다. 왜곡된 성(性)이 그들이 인생에서 본 전부였다.

청결하게 되는 과정에서 우리는 하나님을 인식하고 볼 것이다. 우리는 하나님의 존재 속으로 들어갈 것이다. 우리는 죄없는 자가 아니며, 자신이 다른 사람과 같지 아니함을 감사드리는 바리새인들과 같은 사람도 아니다. 이 과정을 통하여 우리는 우리가 다른 사람과 크게 다를 바가 없는 자라는 것을 깨닫게 되며, 결국 판단하는 마음 대신에 자비를 갖게 된다. 그러나 우리가 다른 사람들과 비슷하다는 사실을 깨달을지라도, 우리의 초점은 바로 하나님이다. 우리는 도덕적으로 낮은 수준에 있는 사람들을 내려다보는 것이 아니라 하나님을 올려다볼 것이다. 그럴 때 우리의 마음 깊은 곳에서 청결하게 되는 과정이 시작된다.

우리의 가장 큰 기쁨은 무엇인가? 우리는 누구를 가장 기뻐하는가? 다른 사람들보다 낫다고 생각하고 자랑하거나 남을 이기고자 하는 욕망을 충족시키는 것은 기쁨에 대한 환상일 뿐이다. 마음의 청결함을 기뻐하는 자들만이 순전한 기쁨을 발견할 것이다.

제9장

하나님과의 관계
인간과의 관계

"화평케 하는 자는 복이 있나니 저희가 하나님의 아들이라 일컬음을 받을 것임이요"(마 5:9).

미국의 수도 워싱턴 D.C.에는 평화 기념비가 많이 있다. 미국인은 전쟁이 끝날 때마다 기념비를 세운다. 평화의 시기는 국가들이 다시 전쟁을 준비하는 기간이라고 어느 냉소가는 표현했다. 공산주의자들과 자본주의자들은 평화를 선전 수단으로 이용하고, 평화주의자들은 자기들이 평화를 이루는 데 한몫을 하고 있다고 생각한다.

그러나 우리는 충실하게 평화를 추구하지 않는다. 예수께서 팔복 중에서 일곱번째 복에서 "화평케 하는 자는 복이 있나니"라고 말씀하셨을 때, 그분은 "평화를 사랑하는 자들은 복이 있다" 또는 "평화를 찬양하는 자들은 복이 있다"고 말씀하신 것이 아니었다.

화평의 의미

우리가 『샬롬』(shalom)이라는 히브리어 단어를 이해할 때 그리스도께서 말씀하신 평화의 의미를 더 잘 알 수 있을 것이다.

첫째로, 샬롬은 소극적인 말이 아니라 적극적인 말이다.
유대인들이 "샬롬"이라고 말할 때, 그들은 전쟁이 없는 상태를 말한 것이 아니다. 그들은 누군가에게 최고로 좋은 상태를 바라는 것이다.

둘째로, 샬롬은 능동적인 말이지 수동적인 말이 아니다.
어떤 종류의 평화는 수동적이다. 두 사람이 싸우다가 무력으로 문제를 해결하는 것은 그리 보기 드문 일이 아니다. 때때로 그들은 서로를 죽임으로써 문제를 해결한다. 죽은 두 사람은 마침내 평화를 얻게 되었지만, 그것은 매우 수동적인 평화이다. 공동묘지는 평화로운 사람들로 가득 차 있다. 때때로 부부는 냉전 속에서 함께 살지만 그것은 샬롬의 평화가 아니다. 그것은 오히려 북한과 남한의 긴장 완화 상태와 매우 유사하다. 종종 난처한 상황 속에서 그런 종류의 평화가 생겨난다.

예수께서 화평케 함에 관하여 말씀하셨을 때, 그분은 관계가 소원(疏遠)해진 사람들을 결합시키는 일에 능동적으로 참여하는 것을 의미하셨다. 이것은 우리가 평화를 정착시키는 방식과는 맞지 않는다. 화평케 하는 복은 마음이 청결한 자의 복에서 나온다. 즉, 순수한 동기를 가진 사람은 화평케 하는 사람이 되고 싶어한다. 혼합된 동기를 가진 사람은 문제가 일어나는 것을 원치 않기 때문에 평화를 좋아한다. 그러나 때때로 그들이 문제를 일으킨다.

팔복 중에 처음 일곱 가지 복은 사람을 인격적으로 취급한다. 이 일곱 가지 복은 의에 주린 자의 복을 중심으로 해서 두 그룹으로 나눌 수 있다. 다시 말해서 하나님이 자기 백성을 의로 채우실 때, 심령이 가난한 자는 자비로워지며, 죄를 애통해 하는 자는 순결한 동기를 가지게 되고, 온유한 자는 화평케 하는 자가 된다. 특히 온유한 자는 화평케 하는 일에 적격이다. 온유한 자들은 마음이 겸손하며 하나님을 의지하고 교만하지 않고 성미가 까다롭지 않으며 자신의 권리를 주장하지 않는다. 바로 온유함에서 참된 평화가 생긴다.

화평케 하는 자의 임무

화평케 하는 자는 하나님과 인간 사이의 평화를 이루도록 돕는 자이다. 복음의 기쁜 소식은 우리가 하나님과 화평하기 위해 아무 것도 할 필요가 없다는 것이다. 그 평화는 이미 이루어졌다. 하나님은 자기 아들의 피로 평화 조약을 맺으시고 자신이 더 이상 진노하시지 않는다고 말씀하셨다. 우리 죄는 용서를 받았고, 우리가 해야 할 일은 평화 조약에 서명하는 것뿐이다. 하나님은 우리의 죄를 없애시고 죄값을 치르신 예수 그리스도의 죽음을 만족해 하신다. 우리가 해야 할 일은 단지 하나님을 만족케 한 일을 마음으로 기쁘게 받아들이는 것이다. 하나님은 십자가로써 그 전쟁을 끝내기에 충분하다고 선포하신다. 우리가 그 말씀에 동의할 때, 그 전쟁은 끝난다.

화평케 하는 자는, 하나님은 진노하지 아니하시며 평화는 이루어졌고 하나님과 인간의 평화 조약은 이미 체결되었다는 기쁜 소식을 전하기 위하여 온갖 노력을 다한다. 제 2차 세계 대전 말에 미국은 일본과 평화 조약을 맺었다. 그러나 남태평양 제도에서는 많은 일본군들이 "평화"라는 말을 받아들이지 않았다. 그들은 전쟁이 끝난 후에도 여러 해 동안 계속해서 싸웠다. 사실, 제 2차 세계 대전의 마지막 일본군이 발견된 것은 겨우 십여 년 전일 뿐이다. 전쟁이 끝난 후 여러 해 동안 전령(傳令)들이 평화 조약에 관한 기쁜 소식을 전하기 위해 고립된 섬들로 갔지만, 많은 일본인들이 그들을 쏘아 죽였다. 그들은 그 소식을 믿지 않으려 했으며, 그래서 계속해서 싸웠던 것이다.

이기적인 방법에 갇혀 있는 많은 사람들이 하나님과 싸우고 있다. 그들은 전쟁이 끝났다는 하나님의 말씀에 동의하지 않으려고 한다. 그들 중 대부분이 그 소식을 받아들이지 않았다. 우리가 이룰 수 있는 평화의 한 종류는, 사람들이 하나님과 맺은 평화 조약을 이해하고 마침내 그 조약에 서명하도록 그들을 돕는 것이다.

하나님과의 평화에 더하여 예수께서는 사람들 안에 있는 평화에 관하여 말씀하시는 것 같다. 이사야 선지자가 말씀한 것처럼, "악인에게는 평강이 없다"(사 48:22). 지그문트 프로이드(Sigmund Freud)는 사람들의 마음을 철저히 분석한 끝에 이렇게 말했다.

"내가 사람들의 삶을 관찰했을 때, 전혀 두려움을 모르는 사람을 만나보지 못했다."

그러나 우리의 창조주 하나님과 화해하지 못한다면 내적 평화는 결코 이루어질 수 없다.

만일 평화가 각 나라를 지배하지 않는다면, 나라들 사이의 평화란 존재하지 않을 것이다. 그리고 각 공동체에 평화가 없다면 어느 국가도 평화를 이루지 못할 것이다. 또 교회 안에 평화가 없다면 어느 공동체도 평화롭지 못할 것이다. 그리고 교인들 사이에 평화가 없다면 어느 교회도 화평치 못할 것이다. 만일 사람들이 평강의 왕이신 하나님께 항복하지 않는다면 누구도 평강을 누리지 못할 것이다.

그러므로 화평케 하는 자는 사람들이 그들 자신과 평화를 이루도록 돕는 자이다. 많은 사람들이 평화의 문제를 결코 해결한 적이 없기 때문에 내전을 겪고 있다. 우리가 평강의 하나님을 안다면 우리는 평강의 사람들이 될 것이며, 어디를 가든지 바로 이것이 우리의 특징이 될 것이다. 우리는 사람들을 이리저리 몰아 흩어 버리기보다는 그들을 합치게 하려고 노력할 것이다.

만일 우리가 사람들을 의(義)로 인도할 수 있다면, 그들이 서로 교제하게 할 수도 있다. 사실 산상수훈에서 그 원리가 나타난다. 형제와 화목하게 하는 것은 종교 의식을 수행하는 것보다 더 중요한 일이다(마 5:23,24). 다른 말로 하면, 만일 우리가 형제와 불화한다면 그리고 예배를 드리기 전에 그 문제를 해결할 수 있다는 사실을 안다면 교회 가는 일을 보류할 수 있다는 것이다. 화목케 하는 일이 예배드리는 것보다 훨씬 더 중요하다. 우리의 원수를 사랑하고 핍박하는 자들을 위하여 기도하는 것이 바로 화목케 하는 일에 관한 모든 것이다(5:43, 45). 이것은 굉장히 힘든 일이다. 그러나 우리의 원수들을 없애는 한 가지 방법은 그들을 우리의 친구로 만드는 것이다. 만일 그들을 저주한다면, 우리와 그들 사이는 자연 분리된다. 우리에게 등을 돌리는 자들에게 우리도 똑같이 등을 돌린다면, 그것은 다리를 세우는 것이 아니라 오히려 벽을 쌓는 것이다.

화평케 하는 자에게 주어지는 이름

화평케 하는 자는 사람들 사이의 간격을 없애고 그들을 서로 묶어 준다. 이런 일을 하는 자들에게 하나님은 "하나님의 아들"이라는 새 이름을 주신다(마 5:45). 신약성경에서 우리 아버지 하나님을 여섯 번이나 "평강의 하나님"이라고 부르고 있는 것을 볼 때, 하나님의 아들이라는 이 새 이름은 잘 들어맞는다. 바울은 모든 서신에서 평강의 하나님께로부터 오는 하나님의 평강에 관하여 편지했다. 만일 하나님이 자신의 권리를 주장하시고 그분이 받으시기에 합당한 것을 요구하셨다면, 우리는 모두 지옥에 있을 것이다. 우리는 하나님의 성호(聖號)를 더럽혔고 그분의 계명을 순종하지 않았다. 따라서 하나님은 자신의 권리를 요구하실 수 있었을 것이다. 그러나 그분은 최선의 방법을 택하셨다. 사실 그분은 모든 방법을 다 동원하신 것이다. 하나님은 자기 아들을 보내시어, 그분의 죽음을 통하여 우리와의 관계를 화목케 하셨다. 그분은 평강의 하나님이시므로, 화평케 하는 자들인 그분의 자녀들은 당연히 하나님의 아들이라고 일컬음을 받는다.

"하나님의 아들"이라는 문구는 관계보다는 오히려 특성을 나타내는 말이다. 성경이 하나님의 자녀들에 관하여 말할 때, "하나님의 아들"이라는 말은 아버지와 자식의 관계라는 개념을 다루는 것이다. 그러나 산상수훈에서 그리스도께서 "하나님의 아들"이라는 문구를 사용하셨을 때(마 5:45), 그분은 특성 혹은 자질(資質)을 말씀하신 것이다. 히브리어에는 형용사가 많지 않기 때문에, 히브리인들은 어떤 것의 아들이라고 말함으로써 형용사 꼴을 고안했다. 바나바는 "권위(勸慰)의 아들"이라고 했고 유다는 "멸망의 자식"이라고 했다. 바나바는 위로하는 사람이었고, 유다는 비참한 운명을 맞이했다. 영어로 어떤 사람을 "총의 자식"(son of a gun: 후레자식을 의미하는 욕)이라고 부를 때 우리는 그의 아버지에 관해서 말하는 것이다. 물론 그 아이가 그의 어머니나 아버지만큼 격정적이고 소리를 크게 지르는 아이라는 의미를 함축한다. 그러므로 만일 어떤 사람을 "하나님의 아들" 또는 "하나님의 딸"이라고 부른다면, 그 사람은 하나님의 성품을 나타내는 자이다.

사람들을 하나님과의 관계로 인도하거나 두 사람을 서로 친밀하게 만듦으로써 화평케 할 때마다 우리는 하나님을 많이 닮는다. 이것이 바로 우리를 하나님의 자녀로 두드러지게 하는 가족 간의 닮은 점이다.

아씨시의 성자 프란시스는 다음과 같은 기도로 그러한 점을 가장 잘 표현한 것 같다.
"주여, 나를 평화의 도구로 써 주소서. 미움이 있는 곳에 사랑을, 상처가 있는 곳에 용서를, 의심이 있는 곳에 믿음을, 절망이 있는 곳에 희망을, 어둠이 있는 곳에 광명을, 슬픔이 있는 곳에 기쁨을 심게 하소서."
우리가 이 기도를 실천하며 살 때, 사람들은 우리를 하나님의 아들들이라고 부를 것이다. **하나님과 분리되어 있고 다른 사람들과 화목하지 못한 상태에 있는 자들에게 평화를 안겨 주는 것, 그것이 우리가 하나님을 가장 많이 닮을 수 있는 일이다.**

제10장

그리스도인에게 따르는 어려움

"의를 위하여 핍박을 받은 자는 복이 있나니 천국이 저희 것임이라 나를 인하여 너희를 욕하고 핍박하고 거짓으로 너희를 거스려 모든 악한 말을 할 때에는 너희에게 복이 있나니 기뻐하고 즐거워하라 하늘에서 너희의 상이 큼이라 너희 전에 있던 선지자들을 이같이 핍박하였느니라"(마 5:10~12).

에드워드 몰건 포스터(E.M. Forster:1879~1970년, 영국의 소설가로서 대표작으로는 『전망 좋은 방』, 『인도로 가는 길』 등이 있다-편집자 주)가 지적한 바와 같이 "때때로 사람들은 기쁨보다 슬픔을 더 좋아한다." 1세기 그리스도인들이 초대 교회를 시작했을 때, 그들은 그와 같은 선호 경향을 보여 주었음에 틀림없다. 유다의 배반이 있은 후 남은 열한 제자 중에서 열 제자는 처참하고 끔찍한 죽음을 맞이했다. 그리고 살아남은 요한은 밧모 섬에서 죄수로 죽었다. 사도 바울은 사십에 하나 감한 매를 다섯 번 맞았으며 세 번 태장으로 맞았고 한 번 돌로 맞았고 계속해서 괴롭힘을 당했고 핍박을 받았다(고후 11:23-27). 초대 교회 그리스도인들은 인생 여정 곳곳에서 온갖 고통을 당했다. 우리가 초대 교회 그리스도인들의 고통으로 상상할 수 있는 것이라고는 그리스도인 석공(石工)이 이방 신전 건축 청부(請負)를 거절하는 것과 같은 류의 일뿐이다. 이방 사제들의 예복을 만들지 않겠다고 거절한 재단사는 어떤가? 친구에게서 이교(異敎)의 잔치에 참석해 달라는 초청을 받은 부부는 어떤가?

기독교로 말미암아 가정이 깨어졌다. 아내가 예수 그리스도를 믿게 되면, 그 여자의 남편은 몹시 화를 낼 것이다. 그는 자신이 헌신적인 이교도라는 사실을 아는 그 도시의 다른 사람들에게 업신여김을 받는다고 생각했다. 자녀들은 믿음을 공유하지 못하는 부모들 때문에 종종 가정에서 쫓겨났다. 형제들도 서로 흩어졌다. 사람들 사이의 연합을 도모하는 이 신앙은 종종 화평이 아니라 검(劍)을 주었다.

얼핏 보기에, 초대 그리스도인들이 박해를 당하는 것은 팔복 중에 처음 일곱 가지 복에 비추어볼 때 앞뒤가 안 맞는 것처럼 보인다. 어째서 사람들은 심령이 가난한 자를 핍박하려고 하는가? 자신이 마땅히 되어야 할 모습과는 너무도 거리가 먼 자라고 생각하는 사람들은 전혀 핍박의 대상이 되지 않는 것 같다. 그리고 자신에게 하나님을 기쁘시게 할 만한 능력이 없다는 것을 슬퍼하는 자들은 민중 선동가처럼 보이지 않는다.

온유한 사람, 곧 하나님께 복종하는 자들은 다른 사람을 지배하지 못할 것이다. 사실 심령이 깨어지고 죄를 슬퍼하고 하나님을 의지하는 사람들은 권력과 명예보다는 오히려 의(義)를 열망한다. 그들은 자비롭고 청결하며 평화를 사랑하는 사람들이다. 그와 같이 순결한 성품을 가진 사람들을 매로 쳐서 땅바닥에 쓰러뜨린다는 것은 사리에 맞지 않는 일이다.

팔복을 지닌 사람들은 야유가 아니라 환영을 받아야 한다. 우리는 "그는 명랑하고 선한 사람이니, 그는 명랑하고 선한 사람이니, 그는 명랑하고 선한 사람이니 누구도 그 사실을 부정하지 못하네"라는 식으로 믿음을 찬양하는 위대한 찬송가를 기대할지도 모른다. 우리가 여덟번째 복을 살펴보고는 깜짝 놀라는 것도 그런 이유에서이다.

팔복 중에 이 마지막 복에서 예수께서는 "의를 위하여 핍박을 받은 자는 복이 있나니 천국이 저희 것임이라"고 말씀하셨다. 그런 다음 그분은 "나를 인하여 너희를 욕하고 핍박하고 거짓으로 너희를 거스려 모든 악한 말을 할 때에는 너희에게 복이 있나니 기뻐하고 즐거워하라 하늘에서 너희의 상이 큼이라 너희 전에 있던 선지자들을 이같이 핍박하였느니라"고 자세히 설명하셨다.

핍박의 진정한 의미

예수께서는 팔복 중에 처음 일곱 가지 복을 나타내는 사람들은 핍박을 받을 것이라고 예언하셨다. 그분은 "만일 너희가 핍박을 받으면 복이 있다"라고 말씀하지 않으셨다. 우리는 섶을 지고 불로 들어가려는 사람처럼 박해를 받으려고 애쓰는 듯한 종교적인 사람들을 알고 있다. 사람들은 그들을 받아들이고 싶어하지 않는다. 그들은 꾀죄죄한 옷차림으로 전철에서 안하무인격으로 고래고래 고함을 지르며 전도하는 매우 열정적인 사람들이다. 그들은 자신들이 십자가의 모욕을 당한다고 생각할지 모르지만 그들은 그저 비위에 거슬리는 사람들일 뿐이다. 그들은 나쁜 체취와 입 냄새를 풍기고 예절바르지 못한 행동을 하는 자들일 뿐이다.

예수께서는 독선(self-righteousness)이 아니라 의(righteousness)로 인하여 박해를 받는 사람들에 관하여 말씀하셨다. 사람들은 박해를 받는 것이 아니라 질책을 듣거나 법의 처벌을 받을 수도 있다. 또 그들은 받아야 마땅한 것을 받을지도 모른다. 처벌과 핍박은 동일한 것이 아니다. 베드로는 그리스도인이 살인자나 도둑이나 어떤 범죄자나 심지어 남의 일에 간섭하는 자로 고난을 받지 말아야 한다고 편지했다(벧전 4:15). 처벌은 정당한 사람들이 악한 사람들에게 가하는 것이고, 박해는 악한 사람들이 선한 사람들에게 가하는 것이다.

박해는 초대 교회 그리스도인들이 선택할 수 있는 것이 아니었던 듯하다. 그것은 그 당시 그리스도인이라면 누구나 당할 수밖에 없는 그런 것이었다. 예수님 자신이 적절한 예(例)가 될 수 있다. 만일 성부(聖父) 하나님께 순종하여 사는 자가 있다면, 그 사람은 바로 예수님이셨다. 만일 어떤 사람이 자비와 선행을 베풀었다면, 그분은 바로 우리 주님이셨다. 그러나 복음서에 따르면, 그리스도께서 기적을 행하시자 그리스도의 대적들이 그분을 살해할 방법을 모의했다고 한다. 결국 종교와 정치 당국

자들은 역사상 가장 선한 사람을 로마의 처형대에 세웠다.

선한 사람들이 참으로 박해를 받는가? 아마도 그리스도와 그 제자들, 그리고 초대 교회 그리스도인들의 경우는 그랬을 것이다. 그러나 그때는 지금과 다른 시대가 아니었는가? 네로는 제대로 된 통치자가 아니었으며, 그의 사자(獅子)들은 이상한 먹이를 먹었다. 로마 세계 전체가 지나치게 잔인했다. 사람들은 새 종교에 익숙해져야 했다. 그리스도 이후 처음 몇백 년은 역사적 우연일 수도 있지 않은가? 물론 수많은 사람들이 그리스도 때문에 죽었다. 그러나 그것은 매우 오래 전의 일이었다.

만일 우리가 팔복을 따르는 삶을 산다면 우리는 박해를 받을 것이다. 박해는 오늘날에도 여전히 계속되고 있다. 교회사가들은 역사상 다른 어느 시대보다도 20세기에 더 많은 그리스도인들이 그리스도를 믿는 믿음 때문에 죽었다고 평가한다. 우간다, 중국, 소련에서는 그리스도인들이 죽임을 당했다. 우리 신학교에 한 루마니아 여인이 있었는데, 그 여인은 미국에 도착하기 전에 공산주의자들의 맹렬한 추적을 받았고 고국을 떠날 때는 아무 것도 지니지 못한 채 도망할 수밖에 없었다(동구권이 몰락하기 이전의 형편임을 감안하라—편집자 주). 그녀의 남편은 살해당했다. 그녀는 다른 루마니아인들을 그리스도를 믿는 믿음으로 인도하기만을 원했던 복 있는 여성이다. 아직도 그녀는 루마니아인들을 그리스도께 인도하고자 하는 열정을 갖고 있다. 1981년부터 1985년까지 페루 정부나 반군들은 3만 5천 명의 그리스도인들을 사형에 처했다. 중앙아메리카의 그리스도인 지도자들은 예수 그리스도를 믿는 믿음 때문에 고문을 당하고 살해당한 3백 명의 목사들에 관하여 내게 이야기해 주었다.

만일 우리가 복 있는 자의 삶을 산다면, 박해를 받을까? 사람

들이 우리를 반대하여 욕하거나 우리에게 불리한 거짓말을 꾸며
낼까? 그러한 박해가 있을 리 없다고 생각할지 모르지만, 나는
자신들이 옳다고 믿는 바를 굽히지 않았기 때문에 대기업에서
실직한 사람들에 관하여 알고 있다.

   왜 사람들은 의롭게 살려는 자들을 공격하는가? 한 가지 이유
는 그들이 다르다는 것 때문이다. 그들은 다른 박자로 두드리는
고수(鼓手)의 장단에 맞추어 행진한다. 그들은 다른 종류의 기
준들을 가지고 있다. 그리고 일치를 소중하게 여기는 세계에서
다르다는 것은 종종 위험한 것으로 간주된다. 어떤 사람들은 다
른 가치관과 세계관을 가진 자들을 받아들이지 못한다. 더욱이
팔복을 따라서 사는 사람들은 지역 사회에서 일종의 양심과 같
은 존재들이 된다. 그런 사람들 때문에, 성실하지 않은 자들은
규칙에 따라서 움직이는 자들과 함께 살면서 일하도록 압력을
받는다. 남을 위하는 사람들은 자신만을 위하는 사람들을 난처
하게 만든다.

   박해의 이유는 수없이 많겠지만, 예수께서는 "의를 위하여 핍
박을 받은 자는 복이 있나니 천국이 저희 것임이라"고 말씀하셨
다. 나는 생애에서 두 번 욕을 먹었고 거짓말에 속았다. 처음에
나는 내가 선하다고 생각하는 것을 다른 사람들은 악한 것으로
생각한다는 사실을 발견하고 좀 놀랐다. 내가 생각한 것은 자비
였으나 다른 사람들은 그것을 불쾌하게 생각했다. 또 내가 옳다
고 아는 것을 다른 사람들은 실직의 원인으로 보았다. 나는 하
나님께로 나아가서 불평을 토로했다.
"주님, 그들은 저를 헐뜯습니다. 주님, 그들이 저를 핍박합니다."
그때 나는 주께서 "얘야, 내가 너를 얼마나 불쌍히 여기는지 아
느냐, 내가 이 모든 일을 얼마나 괴로워하는지 네가 알기를 원
한단다"라고 말씀하시기를 기대했지만, 오히려 주님은 "축하한

다!"라고 말씀하셨다.

성경이 우리에게 핍박받는 것을 기뻐하고 즐거워하라고 말씀하다니 어떻게 된 일인가? 만일 우리가 배척과 박해의 고통을 느끼고 있다면, "훌륭하다!"는 하나님의 대답은 냉정한 앙갚음의 말처럼 들린다. 그러나 이 말씀은 하나님이 별 생각 없이 지나가는 말로 하신 것이 아니다.

핍박받는 자가 기뻐해야 하는 이유

첫째로, 위대한 부류의 사람들에 속하기 때문이다.

선지자들도 고통을 받았다. 지금은 죽었지만 우리가 존경하는 사람들이 살아 생전에 얼마나 욕을 먹고 핍박을 받았는지를 주목하라. 나는 마틴 루터 킹(Martin Luther King) 목사를 기억한다. 지금 우리는 그의 이름을 따서 거리 이름을 정했고, 그를 기념하여 국경일을 제정하기도 했다. 그러나 그는 전생애에 걸쳐 저주를 받았고 마침내는 순교를 당했다. 가장 위대한 미국 대통령 아브라함 링컨(Abraham Lincoln)은 조롱을 당하고 비웃음을 당하고 마침내 암살당하였다. 이제 그는 영웅이지만 1860년대에는 영웅이 아니었다.

모든 무리들 위에 우뚝 서서 우리의 환호와 존경을 받고 있는 구약의 선지자들을 볼 때에, 우리는 그들이 살아 있었을 때에는 박해받고 멸시당하였다는 사실을 안다. 사실, 예수께서는 그 당시 사람들에게 "너희는 선지자들의 무덤을 쌓는도다 저희를 죽인 자도 너희 조상들이로다"(눅 11:47)라고 말씀하셨다. 만일 우리가 의(義)에 따라 살고 하나님을 위해 산다면, 우리는 위대한 무리, 선지자들과 그들을 따랐던 수천 명의 무리에 속하는 것이다.

워터게이트 사건이 있었을 때, 닉슨 대통령은 정적(政敵)들의 명단을 가지고 있었다. 자신들이 그 명단에 올라 있는 것을 안 워싱턴 사람들은 극찬을 받았다. 그 당시에는 대통령에게 미움을 받는다는 것이 명예로운 일이었다. 우리의 존재를 설명해 주는 진정한 시금석은 누가 우리의 친구인가가 아니라 누가 우리의 적인가 하는 것이다. 우리가 다른 길로 간다면, 어떤 사람들은 우리를 나쁘게 말할 것이다. 그러나 그때 우리는 선한 무리에 속해 있는 것이다. 많은 무리 속에서 두드러지는 사람들은 한 가지 특징을 가지는데, 그것은 악한 사람들이 그들을 모함한다는 것이다.

둘째로, 큰 상급을 받을 것이기 때문이다.
예수께서는 우리의 상이 하늘에서 클 것이라고 말씀하셨다. 만일 예수님이 아닌 다른 사람이 이 말을 했다면, 우리는 그 말이 과장이라고 생각할 것이다. 그러나 그리스도를 위하여 고난을 받는다면 우리는 중요한 상급을 받을 것이다.

때때로 상급에 관한 개념이 사람들을 괴롭힌다. 최소한 이타적인 사람은 "나는 의(義) 자체를 위하여 의롭게 행한다. 다시 말해서 상급을 위해서 살고 싶지는 않다"라고 말한다. 그렇지만 우리가 알아야 할 것은 상급과 동기의 차이점이다. 즉, 의를 행하는 동기로서의 상급과 의를 행했을 때 그 결과로 받는 상급은 다르다. 최소한 성경이 상급이라는 말을 사용할 때는 항상 행동의 산물로서 언급한다.

찰스 슐츠(Charles Schultz)의 「땅콩」(Peanuts)이라는 연재 만화에서, 슈뢰더는 피아노를 연주하면서 루씨에게 자기가 베토벤 소나타 전곡을 배우고 있다고 말한다. 루씨는 피아노에 몸을 기대면서 "만일 당신이 그 소나타 전체를 연주하게 되면 무슨 상을 타는데요?"라고 묻는다. 슈뢰더는 당황해서 『나는 아무 상도 타지 않아』라고 대답한다. 루씨는 걸어나가면서 "아무 상도 타지 못하면 소나타를 배우는 게 무슨 소용이 있어요?"라고 말한다. 루씨는 동기에 관심을 갖고 말했던 것이다.

피아노 교사인 내 아내는 한때 우리 아이들에게 피아노를 가르치려고 한 적이 있었다. 우리는 그들에게 피아노를 연습하는 대가로 동전을 주었다. 아이들은 돈을 받으려는 욕심으로 연습을 했다. 유감스럽게도, 동전이 그들의 피아노 연습으로 얻은 전부였다. 동전을 주는 것은 동기가 되었을 뿐 상은 아니었다. 동전과 피아노를 치는 것 사이에는 아무런 관계도 성립하지 않았다.

연습에 대한 상은 베토벤 소나타를 연주하는 것이다. 만일 남자가 돈 때문에 여자와 결혼한다면 그는 돈에만 움직이는 사람이다. 돈은 사랑에 대한 적절한 상급이 아니기 때문이다. 그러나 만일 남자가 사랑하는 여자와 결혼한다면 그것이 바로 상급이다. 그것은 적절한 관계이다.

우리가 의(義) 때문에 고통을 당하면 우리는 무엇을 얻는가? 대답은 하나님이다. 팔복을 따르는 삶을 살 때, 우리는 하나님과의 영원한 관계 속으로 들어간다. 우리는 상급이 의미하는 바를 완전하게 이해할 수 없을지 모르지만, 예수께서는 우리에게 그 상급이 크다고 말씀하신다. 하나님이 우리를 소유하시기 때문에 진정으로 하나님을 소유한다는 것은 영원을 소유하는 것이며, 이 영원 안에서 우리는 하나님의 은혜와 자비와 특별한 사랑을 받는다. 우리가 하나님과 관계를 갖게 될 때, 그 관계가 어떤 의미를 가지고 있든지 간에 우리는 "크다"라는 말로 그 관계를 서술할 수 있을 뿐이다.

몇 가지 확실한 것들이 있다. 우리가 물을 지날 때 물이 우리를 삼키지 못할 것이다. 우리가 불을 통과할 때 불이 우리를 태우지 못할 것이다. 박해를 받는 가운데서도 하나님은 우리와 함께 계신다. 우리가 자비로운 자들이고 비난할 여지가 없는 화평케 하는 자들이라면, 어떤 사람들이 축가가 아닌 장송곡을 부른다 할지라도 우리는 두려워하지 말아야 한다. 우리가 때때로 핍박을 받을지라도, 하나님은 그 일을 공매(空賣)하시지 않았다. 우리는 위대한 무리에 속하는 자들이며, 큰 유익이 우리를 기다리고 있는 것이다.

제11장

이 사회를 유지케 하는 요소

"너희는 세상의 소금이니 소금이 만일 그 맛을 잃으면 무엇으로 짜게 하리요 후에는 아무 쓸데없어 다만 밖에 버리워 사람에게 밟힐 뿐이니라"(마 5:13).

추리소설가인 에드워드 벤틀리(Edward C. Bentley)는 흥미진진한 질문으로 『트랜트의 마지막 재판』(*Trent's Last Case*)이라는 소설을 시작했다. 그는 "중요한 것과 중요한 것처럼 보이는 것을 우리가 현명하게 잘 판단했음을 세상이 어떻게 아는가?"라고 질문했다. 이 질문은 인생에 대한 근본적인 질문인 것처럼 보이며, 실제로 그러하다. 우리는 어떻게 중요한 것과 중요한 것처럼 보이는 것을 구별하는가? 시장에서 장사를 하면서 사는 사람들에게는 사업이 중요하다. 그들은 아침 일찍 일어나서 밤 늦게 잠자리에 들며, 총결산을 하기 위하여 소중한 것을 포기한다. 그러나 인생을 마감하는 자리에 누워 있을 때 사무실에서 더 많은 시간을 보냈어야 했다고 하는 사람은 거의 없다. 중요한 것과 중요한 것처럼 보이는 것을 구별하기는 어려운 일이다.

어떤 사람들에게는 중요한 것이 권력이다. 그들은 권세 있는 지위를 얻기 위하여 사업으로 번 돈을 쓴다. 아마도 그 권좌는 국회의원직일지도 모른다. 만일 그들이 억만장자라면, 대통령에 출마할 것이다. 그들이 중요하다고 생각하는 일이 워싱턴이나 런던, 모스크바에서 일어나고 있다. 그러나 정계(政界)에서 일했던 많은 사람들이 결국 권력은 전혀 중요한 것이 아니라는 사실을 깨닫는다. 요컨대 세계의 여러 나라 수도에서 사람들은 온갖 일들을 말하고 행하지만 나중에 보면 행하여지는 일보다는 말로만 끝나는 것이 훨씬 더 많다. 그리고 권력이 있는 자들조차도 통제하지 못하는 일들이 많다.

세상은 우리가 중요한 것과 중요한 것처럼 보이는 것을 현명하게 판단했다는 것을 어떻게 알겠는가? 예수님의 제자들은 결코 그러한 질문을 하지 않았지만, 어쨌든 예수께서는 그들에게 놀라운 해답을 주셨다. 그분은 그들에게 그들이 중요하게 여기는 것을 말씀하셨지만 이상한 방법으로 그렇게 하셨다.
"너희는 세상의 소금이니"(마 5:13).

 30세밖에 되지 않은 젊은 목수이자 설교자이신 예수께서는 자기 제자들에게 그렇게 말씀하셨다. 그들 대부분은 분명히 예수님과 동년배이거나 조금 어렸을 것이다. 그들은 자신들의 분야에서는 이제까지 한 몫을 해 왔다. 그러나 그들은 사회에서 영향력 있는 입지는 확보하지 못했다. 그들은 정치 지도자들이 아니었다. 그들은 귀족도 아니었다. 그들은 매우 평범한 사람들이었다. 어떤 사람은 어부였고, 어떤 사람은 농부 같았으며, 한 사람은 세리였다. 그들 중 누구도 특별히 종교적이지 못했다. 그러나 서의 교육을 받지 않은 그들에게, 시골 억양으로 말하는 그들에게 예수께서 말씀하셨다.
"너희는 세상의 소금이니."
그리고 그분은 "너희"를 강조하셨다.

소금의 의미

고대 세계에서 소금은 매우 값진 것이었다. 희랍인들은 소금에 신성한 무엇인가가 들어 있다고 믿었다. 로마인들은 때때로 병사들에게 소금으로 월급을 주었다. 만일 어느 병사가 자기 임무를 수행하지 못하면, 다른 사람들은 '그가 그의 소금만큼도 가치가 없는 사람이라'(봉급만 축내는 사람이다)고 말했다. 그리고 소금은 오늘날 우리에게도 가치 있는 것이다. 오늘날에도 우리는 성실하거나 선한 사람을 가리켜 "그 사람은 세상의 소금이다"라고 말한다.
 고대 세계는 여러 가지 이유 때문에 소금을 귀중하게 여겼다. 그러나 문제는 예수께서 "너희는 세상의 소금이니"라고 말씀하셨을 때 그 여러 가지 이유 중 어떤 것을 염두에 두셨나 하는 것이다.

첫째 / 맛을 내는 것

소금은 맛을 내는 양념으로서 가치가 있었다. 우리는 소금이 음식에 맛을 더해 준다는 사실을 알기 때문에, 식사할 때 "소금 좀 건네 주세요"라고 말한다. 아주 오래 전에도 욥이 "싱거운 것이 소금 없이 먹히겠느냐"(욥 6:6)라고 물었다. 그러므로 아마도 예수께서는 그의 제자들이 삶을 맛나게 그리고 멋있게 살아야 한다고 말씀하신 것 같다.

소금이 음식을 맛나게 하는 것과 같이 우리는 삶을 맛나게 해야 한다. 무익함이 지배하는 이 세상에서 우리는 기쁨을 안겨 주어야 한다. 우리가 애통하는 사람들이라고 할지라도 우리는 또한 하나님의 은혜를 안다. 그렇기 때문에 우리는 거룩한 웃음을 안겨 주는 자들이어야 한다. 그러나 유감스럽게도 천국 시민이라고 해서 항상 그렇게 사는 것은 아니다.

얼마 전 뉴욕의 어느 홍보 회사가 그리스도인이 아닌 사람들은 교회를 어떻게 생각하는지에 관한 연구를 했다. 교회에 다니지 않는 응답자들은 대개 세 가지의 부정적인 반응을 보였다. 첫째, 교회는 항상 돈을 내라고 한다. 둘째, 교회는 항상 슬프다. 마지막으로 교회는 항상 죽음에 관한 이야기를 한다. 그들이 말하는 류의 소금은 그다지 맛을 내지 못한다.

만일 예수께서 맛을 내는 소금의 특성에 관하여 말씀하셨다면, 그분은 자기 제자들에게 그들만이 삶을 맛좋게 만들기 때문에 그들이 이 세상에서 중요하다고 말씀하셨던 것이다.

둘째 / 순결의 상징

1세기 사람들은 소금을 순결의 상징으로 이해했는데, 아마도 소금이 빛나는 흰 색이기 때문에 그랬던 것 같다. 고대로 거슬러 올라가면, 이방인들은 소금을 신(神)에게 바쳤다. 그리고 레위기에서는 하나님께 드리는 제물에는 소금을 쳐야만 한다고 말한다. 소금을 치지 않은 제물은 열납되지 않았다(레 2:13). 그러므로 예수께서 우리를 세상의 소금이라고 말씀하셨을 때, 아마도 그분은 우리가 부패한 문화 앞에 순전한 동기를 보여 줄 수 있기 때문에 우리가 가치 있다고 말씀하신 것 같다.

거짓말하는 기술이 발달된 문화에서, 우리는 우리의 정직함으로 사람들의 주목을 받아야 한다. 우리가 약속을 할 때 사람들이 그 말을 신뢰할 수 있어야 한다. 수천 개의 선정적인 광고들이 성적(性的)인 방종을 부추기는 세상에서, 우리의 삶은 성적 순결과 도덕적 순결을 보여 주어야 한다. 아마도 이것이 예수께서 염두에 두셨던 것일 것이다.

셋째 / 갈증나게 하는 것

오늘날에도 아랍인들은 소금을 먹어서 억지로 물을 마실 수밖에 없게 하여, 사막에서 일어나는 탈수를 예방했다. 소금을 먹으면 갈증을 느끼기 전에 물을 마시게 된다. 만일 예수께서 하신 말씀이 이런 의미라면, 그분은 우리가 사람들로 하여금 하나님에 대한 갈증을 느끼게 하기 때문에 우리가 가치 있다고 말씀하신 것이다.

넷째 / 부패를 방지하는 것

예수께서 하시는 말씀을 들은 농부들과 어부들은 자신들이 육류와 생선을 보존하기 위하여 흔히 소금을 사용한다는 사실을 생각했을 것이다.

어부들은 갈릴리 호수에서 물고기를 잡은 후 수십킬로나 남쪽에 떨어져 있는 수도 예루살렘으로 가서 물고기를 팔았다. 물고기를 신속하게 운송할 수 있는 상황도 아니었고 냉장 시설도 갖추어지지 않았으므로 그들은 잡은 물고기에 소금을 뿌렸다. 농부가 소를 잡았을 때, 고기를 저장하는 유일한 방법은 소금을 뿌리는 것이었다.

성경의 여러 부분에서, 의로운 사람들은 득실거리는 병균들 때문에 썩어 가는 사회를 썩지 않게 보존하는 힘으로 나타난다. 그리스도인들은 부패가 빠르게 일어나는 것을 막기 때문에 소금과 같은 가치가 있다.

로마서 1장에서 바울은 부패를 막는 힘이 없는 사회에서 어떤 일이 일어나는지 설명했다. 그러한 사회는 결국 멸망한다. 바울은 미래의 조간 신문을 읽을 수 있었나 보다. 30년 전의 우리 문화에서는 생각조차 할 수 없던 일이 이제는 올바르고 멋진 것으로 승격되었다. 이와 같은 세상에서 그리스도인들은 부분적으로 그러한 부패를 막을 수 있으므로 중요한 사람들이다.

소돔 성은 고대 세계에서 악(evil)의 동의어로 통하였다. 사해 근처에 위치한 이 성은 상업 도시였음이 분명하다. 사람들이 오가고, 물건을 사고 팔며, 뽐내고 도덕적으로 타락해 갔다. 만일 우리가 상공회의소에 가서 그들에게 참으로 필요한 것이 무엇이냐고 물었다면, 그들은 사람들과 더 많은 돈을 소돔성으로 끌어들일 세계 회의를 주관할 부서라고 대답했을 것이다. 만일 우리가 그 성의 지도적인 인물들에게 가서 올바르고 정직한 외국 사람들에게 영주권을 발급해 주는 운동을 하자고 말했다면, 그들은 아마도 우리를 악성 독감과 같은 것으로 취급했을 것이다. 그들은 올바르고 정직한 사람들은 세계 회의에 모여드는 사람들처럼 많은 돈을 펑펑 쓰지 않는다고 주장했을 것이다.

성경에 보면, 소돔에서 열 명의 의인을 찾아볼 수 있었다면 그 성은 멸망하지 않았을 것이라고 말한다. 불행하게도 열 명의 의인들은 찾을 수 없었고, 소돔은 멸망을 피할 수 없었다.

1700년대 초의 프랑스 문화는 썩어 가고 있었다. 왕은 "내 후대에는 홍수가 지든 말든 내 알 바 아니다!"라는 표어를 걸었다. 그의 말은 절대적으로 옳았으며, 예언의 소리였다. 대격변이 왔으며 프랑스는 프랑스 혁명으로 만신창이가 되었다.

물론 해협을 건너 35km 떨어진 영국의 문화도 똑같은 부패를 겪었다. 역사가들은 영국 문화의 도덕적 부패를 상세하게 서술해 왔다. 그러나 영국은 혁명을 거치지 않았다. 어떻게 혁명을 피했을까? 영국의 막강한 해군 때문에? 점잖은 외교관들 때문에? 정치인들 때문에? 경찰력 때문에? 아니다. 역사가이자 미국 대통령인 우드로우 윌슨(Woodrow Wilson)이 단언하여 말한 바와 같이, 1703년에 요한 웨슬레(John Wesley)라는 사람이 영국에 태어났기 때문에 그 나라는 혁명을 겪지 않았다.

웨슬레는 어렸을 때 이상할 정도로 심령이 뜨거웠으며, 어린 나이에 천국 시민이 되었다. 그는 다른 사람들을 전도하여 그리스도께로 인도했는데, 영국이 혁명을 겪지 않은 것은 그가 주도한 의로운 메쏘디시트[Methodist:'감리교'라고 번역하는 것이 좋지 않다. 감독제의 교회 정치를 주창하는 것이 주된 이념이 아니라 회심(回心)과 경건과 성화(聖化)의 '방법'(method)을 중시하는 것이 주된 입장이기 때문이다―편집자 주] 운동이 영국 전역에 소금처럼 퍼진 데 주요한 원인이 있다고 역사가들은 믿는다.

국가의 안전은 천재적인 장군이나 군대, 혹은 핵무기에 있는 것이 아니라 그 나라 국민의 특성에서 나온다. 역사 전반에 걸쳐서 여러 문명들이 썩은 통나무같이 쓰러져 몰락하곤 했다. 외적인 위기는 외부의 적 때문에 생길 수 있을지 모르지만, 국가가 몰락하는 것은 내적인 부패 때문이다.

때때로 핍박을 받지만 우리가 온유하고 청결하며 화평케 하는 사람들이라면, 우리는 요긴한 사람들이다. 우리는 썩어 가고 있는 사회에서 소금과 같은 사람들인 것이다.

소금으로서 주의할 점

그러나 예수께서는 우리가 세상의 소금이 되려면 **두 가지를** 깨달아야 한다고 암시하셨다.

첫째로, 우리는 우리 문화와 접촉해야 한다.

소금은 고기 속에 들어가서 고기와 접촉해야 한다. 만일 우리가 소금을 포장한 채로 놔둔다면, 소금은 절대로 아무 것도 하지 못한다.

전체 역사를 통해서 볼 때, 사회에서 소금을 빼내는 식으로 활동했던 종교 유형들이 가끔 있었다. 선한 동기를 가진 수도사들은 사회에서 물러나서 세상 문화의 악과 격리된 경건한 삶을 살려고 했다. 그러나 그것은 결코 성경이 보여 주는 모범이 아니었다. 예수께서는 자신의 제자들을 이리 가운데 양처럼 보내셨다. 이리가 우글거리는 곳은 양에게는 세상에서 가장 위험한 곳이다. 우리는 세상 속에 있어야 하지만 세상의 것이 되어서는 안 된다. 이 두 가지 모두 예수께서 하신 명령들이다.

교회가 소금을 저장하는 창고와 같은 존재가 될 때마다, 교회는 소금이 고기와 접촉해야 한다는 예수님의 기본적인 가르침을 이해하지 못했다. 만일 우리가 세상 문화 속에서 불신자들과 관계하지 않는다면, 우리는 이 사회를 변화시키지 못한다.

둘째로, 우리는 우리의 특성인 소금됨을 유지해야 한다.
화학에서 우리는 소금을 염화나트륨이라고 부르며, 우리가 아는 바와 같이 염화나트륨은 그 자체의 짠 맛을 잃지 않는다. 그렇다면 예수께서 하신 말씀은 무엇인가?

고대에는 두 가지 종류의 소금이 있었다. 비교적 순수한 소금이 있었고 그렇지 않은 소금도 있었다. 비교적 순수한 소금은 깨끗한 바닷물을 증류해서 만들었다. 그러나 팔레스틴의 대부분의 소금은 사해에서 얻었는데, 사해에는 소금과 유사한 흰색 무기물들이 많았다. 농부들은 이 깨끗하지 않은 소금을 집 뒤에 쌓아 두었다가 토지를 비옥하게 하는 비료로 사용했다. 왜냐하면 소금은 어떤 토양을 비옥하게 했기 때문이다. 그러나 수북히 쌓인 소금 위에 비가 오면, 종종 진짜 소금인 염화나트륨이 씻겨내려가 버리곤 했다. 그러면 쓸모없고 하얀 모래 같은 물질이 남는다. 이 물질은 토양을 굳게 하기 때문에 그것을 밭에 뿌릴 수는 없었다. 그래서 농부들은 길을 굳게 할 목적으로 그것을 집 앞에 뿌려서 사람들이 밟고 지나가게 했다.

소금이 그 특성을 잃어버리면 아무 쓸모가 없다. 천국 시민이며 사회에서 소금으로 부름을 받은 우리들도 마찬가지이다. 만일 우리가 독특한 그리스도인의 특성을 잃어버리고 세상 사람들과 똑같은 사람이 된다면, 우리는 아무런 영향도 주지 못한다. 우리는 문제를 해결하는 사람이 아니라 해결해야 할 문제가 되고 만다.

우리 그리스도인들은 사회의 일부가 되어서 하나님의 은혜를 우리 삶 속에서 나타냄으로써 사회를 악으로부터 보존하므로 중요한 사람들이다. **그러나 우리가 변화를 일으키려면 사회와 접촉해야 하는 동시에 사회와 구별되어야 한다. 우리가 참으로 하나님께 속**

하고 팔복을 따라 사는 사람들이라면, 우리는 이 사회의 소금이다.

우리가 중요한 것과 중요한 것처럼 보이는 것을 현명하게 판단했다는 것을 세상이 어떻게 알 것인가? 우리는 먼저 우리가 예수님께 중요하다는 그분의 판단을 인정해야 한다. 그 사실을 근거로 해서 우리는 우리의 삶을 어떻게 살 것인지를 현명하게 결정할 수 있다. 소금처럼 우리의 삶을 쏟아 부을 때 우리의 진정한 가치를 발견할 것이다.

예수께서는 우리를 설탕이라고 하시지 않았다. 그분은 우리를 소금이라고 부르셨다. 소금은 때때로 따끔거리게도 하지만 또한 썩지 않게도 한다. 예수께서는 변화를 일으키도록 우리를 부르셨다. 그리고 그 일은 중요하다. 우리가 삶의 참된 가치를 보여줄 때 세상은 우리가 현명한 선택을 했다는 사실을 알게 될 것이다.

중요한 것과 중요한 것처럼 보이는 것 사이에서, 우리는 우리가 하나님께 가치 있는 존재이므로 가치 있다는 사실을 알아야 한다.

제12장

이 사회에 대한 적극적인 영향력

"너희는 세상의 빛이라 산 위에 있는 동네가 숨기우지 못할 것이요 사람이 등불을 켜서 말 아래 두지 아니하고 등경 위에 두나니 이러므로 집안 모든 사람에게 비취느니라 이같이 너희 빛을 사람 앞에 비취게 하여 저희로 너희 착한 행실을 보고 하늘에 계신 너희 아버지께 영광을 돌리게 하라"(마 5:14~16).

태양은 세상의 빛이다. 그러나 태양이 지구의 다른 편을 비추느라 바쁜 밤에는 달이 세상의 빛이 된다. 물론 달빛은 단지 반사된 빛일 뿐이다. 무슨 빛이든 그 빛은 태양에서 나온다.

이와 똑같은 방법으로 그리스도인들은 세상의 빛이다. 그리스도께서 우리와 떨어져 계실 때에도 우리는 그분의 빛을 반사하여 비춘다. 요한복음 9장 5절에서 예수께서는 어두운 세상에게 자신이 세상의 빛이라고 말씀하셨다. 그러나 산상수훈에서 그분은 우리가 세상의 빛이라고 말씀하신다. 자신의 제자들을 세상의 소금이라고 부르신 다음에 바로 예수께서는 "너희는 세상의 빛이라"고 말씀하셨다. 이러한 대조는 흥미롭다. 소금은 어떤 나쁜 일이 일어나는 것을 막는다는 의미에서 소극적이다. 예를 들어, 소금은 음식이 썩는 것을 막는다. 그러나 빛은 어떤 좋은 일이 일어나게 한다는 의미에서 적극적이다. 예를 들어, 빛은 어둠 속에서 길을 찾을 수 있게 해 준다. 예수께서는 우리가 세상의 빛이라고 말씀하셨다. 어떤 면에서 이 말씀은 하나님의 백성들에게 한 칭찬 중에서 가장 큰 칭찬의 말씀이다.

빛의 특징

예수께서는 우리가 완전한 의지력(意志力)으로가 아니라 그분과의 관계로써 세상에 영향을 미칠 것이라고 말씀하셨다. 그분은 계속해서 빛에 관한 **두 가지** 특성을 말씀하셨다.

첫째로, 빛은 피할 수 없다.

그분은 산 위에 있는 동네가 숨지 못한다고 말씀하심으로써 이 사실을 표현하셨다. 이스라엘 성지(聖地)에 있는 언덕 마을은 그 위치가 인상적이었다. 언덕이 시원하기 때문에 그곳에 동네가 세워진 것이다. 건조한 땅에서 바다 미풍이 에어콘과 같은 역할을 했다. 침입자들의 공격에 방어하기 쉽다는 것도 언덕 위에 동네를 세운 하나의 이유이다. 전쟁에서는 언덕 아래로 공격하는 것보다 언덕 위로 공격하는 것이 훨씬 더 어려웠다. 팔레스틴 마을들의 특징은 사람들이 언제든지 그 마을들을 볼 수 있다는 것이다. 밤에도 마을은 멀리서 불빛으로 반짝인다.

우리가 세상의 빛이라면 모든 사람이 그 사실을 알 것이다. 우리는 그분의 빛을 반사하지 않은 상태로 희미하게 있을 수 없다. 우리는 그분의 빛을 숨길 수 없다. 하나님은 숨어서 은밀하게 일하라고 우리를 부르시지 않는다. 은밀한 것이 제자도를 파괴하거나 제자도가 은밀한 것을 파괴할 것이다. 우리는 눈에 띄지 않고서는, 사람들로 하여금 우리를 주목하게 하지 않고서는 사회에서 빛으로 충만한 삶을 살 수 없다. 그들은 우리를 좋아하지 않을 것이며 우리를 박해할 것이다. 그러나 그들은 우리가 그곳에 있다는 것을 알 것이다.

둘째로, 빛은 사람들로 하여금 볼 수 있게 한다.
새 등(燈)을 사면, 우리는 그것을 포장해서 두는 것이 아니라 방에 들어오는 모든 사람을 비출 수 있는 곳에 놓는다. 예수께서 말씀하신 등은 그 속에 기름과 심지가 들어 있는 진흙으로 만든 등잔일 것이다. 등잔에 불을 붙였다가 끄고 다시 붙이는 것이 힘들었기 때문에, 사람들은 공기가 잘 통하는 진흙으로 만든 불연성(不燃性) 말(measuring bushel) 아래에 등불을 두었다. 그러나 외출하거나 잠자리에 들 때 안전을 위해서 그리고 불의 밝기를 약하게 하기 위해서만 그렇게 했다. 그렇지 않을 때는 빛을 비추는 데 등불을 사용했다. 그것이 등불의 원래 목적이었기 때문이다.

소금에 관하여 말씀하실 때 예수께서는 문화가 썩어 가고 있다는 것을 암시하셨다. 빛에 관하여 말씀하실 때는 세상이 도덕적 흑암과 영적 흑암으로 덮혀 있음을 암시하셨다. 사람들이 중요한 것을 분명하게 볼 수 있도록 하는 유일한 방법은 우리가 빛이 되는 것이다. 그렇게 할 때 우리는 사람들에게 도덕적으로 영적으로 영향을 미쳐서, 그들이 그곳에 무엇이 있는지 볼 수 있도록 하고 하나님께로 나아가는 길을 발견하도록 하는 것이다.

예수께서는 "이같이 너희 빛을 사람 앞에 비춰게 하여 저희로 너희 착한 행실을 보고 하늘에 계신 너희 아버지께 영광을 돌리게 하라"(16절)고 말씀하셨다. 예수께서는 어떤 사람이 우리의 선한 행실을 보고 우리가 얼마나 훌륭하고 놀라운 사람들인지 인정할 것이라고 말씀하지 않으셨다. 하나님의 빛은 우리의 외적인 의로움에서 빛나지 않는다. 우리가 하나님의 은혜를 필요로 함을 깨닫고 살아갈 때, 하나님의 빛이 비춰진다. 우리의 필요를 깨달음으로 자비롭고 평화를 사랑하는 마음이 생긴다. 우리는 단지 등불처럼 빛을 발할 뿐이다.

사도행전은 스데반 집사가 돌에 맞고 있었을 때 그의 얼굴이 천사의 얼굴처럼 빛났다고 선언한다. 나는 스데반이 '얼굴을 빛나게 하는 방법을 배우는 세미나'에 참석한 적이 있었다고 생각하지 않는다. 내가 확신컨대, 스데반은 자기 얼굴이 빛나는 것을 알지도 못했을 것이다. 빛 가운데 사는 사람들은 그들 자신의 빛을 모른다. 빛을 반사하기만 하는 사람들은 그들이 얼마나 밝은가에 관해 자랑을 늘어놓지 않는다. 1000와트의 빛을 발하면서 팔복대로 사는 사람들은 없다. 팔복대로 사는 사람들은 자신들이 얼마나 빛을 비추는가보다는 자신들의 어두움과 하나님의 은혜와 그분의 빛을 더 잘 안다. 그러나 그들은 빛을 비춘다. 그리고 하나님께로 나아가는 길을 더듬어 찾고 있는 사람들은 그들을 보고 그 길을 발견한다.

　우리가 사업을 하든 정치를 하든 어떤 다른 삶을 추구하든지 간에, 진정으로 중요한 것은 우리가 빛이라는 사실이다. 그리고 빛이 어둠 속에서 빛난다는 것은 피할 수 없는 일이다.

　여러 해 동안 나는 내게 다음과 같이 말하는 친구들을 많이 보았다.
"내가 있는 직장에는 그리스도인이 나밖에 없어요. 그래서 지내기가 힘듭니다. 그곳에서 돌아가는 일들은 구역질이 나요. 직장을 그만둘 수 있었으면 좋겠어요."
나는 그와 같은 갈등을 이해한다. 그러한 상황에서 움츠러드는 것은 당연하다. 우리는 우리가 가진 독특한 가치에 대해 가능한 한 관심을 두려 하지 않는다. 만일 어떤 사람이 우리에게 "하나님은 사랑이시라"고 적힌 핀을 준다면, 우리는 사람들이 보지 못하게 우리 외투 속에 그 핀을 달 것이다. 이런 식으로 우리는 어떤 싸움도 하지 않으려고 할 것이다. 우리는 우리의 빛을 비춰야 한다는 것을 알지만 오해를 받을까 염려한다.

　그러나 하나님은 세상의 가장 어두운 곳에서 우리의 빛을 필요로 하신다. 밤이 칠흑같이 어두울수록 가로등의 필요성은 더욱더 커진다. 만일 가로등이 빛을 비추지 않는다면, 그것은 어두움 때문이 아니다. 어두움이 빛을 비추지 못하게 할 수는 없다. 어두움이 더 짙어져서 캄캄한 동굴처럼 된다 할지라도, 그 어두움은 빛을 사라지게 하지 못한다. 어느 누구도 어둠을 짙게 함으로써 빛을 막아 버리지 못한다. 빛이 비추지 못하기 때문에 어두움이 점점 더 짙어지는 것이다. 우리가 그리스도의 빛을 비추지 못할 때 어두움이 득세한다.

예수께서는 우리가 사람들이 감탄하는 멋진 샹들리에라고 말씀하지 않으셨다. 그분은 우리를 사람들이 밤중에 욕실로 갈 때 넘어져 목이 부러지지 않도록 복도 벽에서 빛을 비추는 하나의 등불이라고 하셨다. 그분은 어둠 속에서 영향력을 발휘하도록 우리를 부르셨다. 그렇게 함으로써 우리는 중요한 사람이 된다.

1910년 6월 5일, 미국의 단편 소설 작가 오 헨리(O. Henry)는 다음과 같이 유언했다.
"등불을 밝히라. 나는 어둠 속에서 본향으로 가고 싶지 않다."

세상의 빛으로서 우리의 사명은 외로움을 감수하더라도 해야 할 바를 하는 것이다.

제13장

구약의 성취

"내가 율법이나 선지자나 폐하러 온 줄로 생각지 말라 폐하러 온 것이 아니요 완전케 하려 함이로다 진실로 너희에게 이르노니 천지가 없어지기 전에는 율법의 일점 일획이라도 반드시 없어지지 아니하고 다 이루리라"(마 5:17, 18).

로버트 브라우닝(Robert Browning:1812～1889년, 영국의 시인)은 그의 한 시(詩)에서 "왜 새 진리는 옛 진리와 달라야 하는 것일까?"라는 질문을 했다. 이것은 좋은 질문이며, 인간은 옛 개념들을 발전시키기보다는 오히려 그 개념들을 대체할 새로운 개념들을 항상 기대한다는 사실을 암시해 준다.

그리스도 시대의 사람들은 예수께서 구약의 진리들을 버리실 것이라고 기대했을지 모른다. 마태는 그리스도를 병든 자들의 치유자와 기쁜 소식의 전파자로 묘사했다(마 4:28). 이 젊은 목수는 갑자기 나타나서 사람들의 상상을 사로잡았다. 사람들은 이스라엘 도처에서 그분께 모여들었다. 그들은 그분이 말씀하시는 것을 듣고 싶어했다. 예수께서 천국의 기쁜 소식을 선포하셨을 때, 사람들은 특별한 방법으로 그 "기쁜 소식"(good news)이라는 말씀을 이해했다. 영어로 "good news"라고 번역된 이 단어의 원어는 헬라인들이 승리를 선포하는 데에 사용하던 낱말이었다. 그들은 모든 승리가 신(神)들에게서 온다고 믿었으므로, 기쁜 소식은 헬라인들에게 평화와 행복의 신적 포고(divine announcement)를 의미했다. 로마인들은 이 낱말을 취하여 황제와 관계 있는 것을 언급하는 데 사용하였다. 만일 전령관(傳令官)이 황제의 탄생, 즉위, 포고령 또는 그가 이긴 어떤 전쟁을 알린다면 그 선언은 좋은 소식이라고 했다.

예수께서 천국의 기쁜 소식을 선포하셨을 때, 이스라엘 백성들은 그 말씀을 신(神)이나 왕과 관계 있는 선언으로 인지했다. 예수께서는 병자들을 고치심으로써 자신의 선포를 강화하셨으며, 결과적으로 그분은 많은 사람들의 사랑을 얻었다. 이들은 예수께서 새로운 것을 세울 계획이시라면 옛 체제에 어떤 일이 일어날 것인지 무척 궁금해 했을 것이 틀림없다. 예수께서 새 왕국을 세우신다면 그분은 옛 왕국을 해체할 것인가?

프랑스 혁명 동안 로베스피에르(Robespierre: 프랑스 혁명가로서 쟈코뱅 당의 당수)와 그의 동료들은 새 것을 세우는 유일한 방법은 옛 것을 파괴하는 것이라고 결정했다. 그들은 연(年)과 달과 요일의 이름을 다시 붙여서 달력을 완전히 개조했다. 그들은 일주일을 칠 일에서 십 일로 바꾸기까지 했다. 그들은 파리의 거리와 대로(大路) 이름을 다시 붙였다. 이 모든 일을 하면서 그들은 새로운 것을 건설하기 위하여 프랑스의 과거를 파괴하려고 했다.

1960년대에 미국의 수많은 젊은 급진주의자들은, 정의와 평등을 세우고자 한다면 200년 동안 건재한 옛 방법들은 제거해야 한다고 주장했다. 그들은 옛 것 위에 회반죽을 덧발라 수리하는 대신에 새로운 벽돌을 쌓고 싶어했다.

율법과 선지자들에 권위를 두신 예수님

예수께서 천국의 소식을 전하셨을 때, 이스라엘 백성들은 그분이 율법과 선지자들을 어떻게 하실 것인지 몹시 궁금해 했을 것이 틀림없다. 그분은 율법과 선지자들에게 등을 돌리실 것인가? 물론 보수주의자들은 과거를 지키는 데 관심을 가졌고, 급진주의자들은 아마도 과거를 제거하려고 했을 것이다. 그러면 그리스도의 견해는 무엇이었는가? "내가 율법이나 선지자나 폐하러 온 줄로 생각지 말라 폐하러 온 것이 아니요 완전케 하려 함이로라"(마 5:17)고 말씀하신 것은 무슨 의미로 하신 말씀인가?

예수께서는 과거를 없애 버리지 않겠다는 이 말씀을 권위 있게 말씀하셨다. "내가 왔다"라는 구절은 권위를 암시하는 말씀이었으며, 예수께서는 종종 이런 표현을 써서 자신에 대해 언급하셨다. 그분은 자신이 누구인지를 나타내셨다. 다시 말해서 그분은 창세 전에 계신 분이며, 자신이 어디에서 왔고 언제 어디서 죽을 것인지 아는 분이셨다. 어떤 시골 노인이 말했던 것처럼 "만일 내가 어느 곳에서 죽을지를 안다면, 나는 그곳에서 떠나겠다." 그러나 예수께서는 자신이 죽을 곳을 아시고는 예루살렘을 향하여 자신의 얼굴을 돌리셨다. 이스라엘은 메시야를 "오실 그이"(마 11:3)라고 불렀다. "내가 왔다"라는 구절을 사용하실 때 예수께서는 자신을 메시야와 하나님으로 말씀하셨다.

또한 예수께서는 "내가 너희에게 이르노니"라는 구절로 자신의 권위를 보이셨다(마 5:18, 20, 22, 28, 32, 34, 39, 44). 랍비들이 말하는 것에 귀를 기울이곤 했던 1세기 사람들에게 이 구절은 새로운 것이었다. 랍비들은 말할 때 과거로부터 권위를 얻었다. 그들은 구약 율법이나 그 율법 위에 세워진 전통이나 과거 어떤 랍비의 가르침을 언급하곤 했다. 유대 역사를 통틀어서 볼 때 자기 자신의 권위로 말한 랍비에 대한 기록은 전혀 없다.

"내가 온 것은", "내가 너희에게 이르노니"라고 표현함으로써 예수께서는 율법과 선지자들을 폐하지 아니하겠다고 권위 있게 말씀하셨다. 그러나 그분은 단지 그러한 문구만 사용하신 것이 아니다. 예수께서는 천문학과 서법(書法)에서 나온 **두 가지 교훈**을 주셨다.

첫째 / 천문학에서 끌어 낸 교훈

예수께서는 이 우주가 존재하는 동안에는, 다시 말해서 "천지가 없어지기 전에는"(마 5:18) 구약성경이 없어지지 않을 것이라고 말씀하셨다. 구약성경의 율법과 선지자는 어떤 오래된 유적처럼 없어지지 않을 것이다. 예수께서는 구약성경과 그 가르침들의 배후에는 하나님의 권위가 있으며, 시간이 끝날 때까지 구약성경과 그 가르침이 계속 존재할 것이라고 말씀하셨다.

우리는 구약성경이 그리스도인을 위한 책이 아니라 유대인의 고서(古書)라고 생각할지 모른다. 그러나 구약성경은 초대 교회의 성경이었다. 초대 교회 성도들이 예배드리기 위해 모였을 때 그들에게는 오로지 구약성경만이 있었다. 구약성경이 없이는 신약성경을 이해할 수 없다. 또 구약성경의 배후에는 그리스도의 완전한 권위가 있다. 만일 우리가 천국 시민이라고 주장하고 예수 그리스도께 충성을 맹세한다면, 우리는 그분이 귀중하게 여기시는 책에도 충정을 바쳐야 한다.

둘째/서법(書法)에서 끌어 낸 교훈

천지(天地)를 망원경으로 보신 후 그리스도께서는 기록된 율법을 현미경으로 세밀하게 조사하셨다. 그분은 "율법의 일점 일획이라도 반드시 없어지지 아니하고 다 이루리라"(마 5:18)고 말씀하셨다. 히브리어 알파벳 중에서 가장 작은 문자(우리 말로 '일점'이라고 번역된 영어 구문 the smallest letter의 직역 표현—역자 주)는 작은 따옴표만한 크기이다. 가장 작은 획(우리 말로 '일획'이라고 번역된 영어 구문 the least stroke의 직역 표현—역자 주)은 히브리어 문자들을 구별하는 작은 선이었을 것이다. 그것은 영어 소문자 *l*과 대문자 *I*를 구별해 주는 위와 아래에 있는 짧은 선과 같은 것일 것이다. 철자들에 관한 그리스도의 교훈은 모든 율법과 그 가르침이 계속 존재할 것이라는 말씀을 강조하는 것이었다.

율법을 폐하지 않는다는 것의 의미

그리스도는 그분의 말씀과 예들로써 구약성경에 그분의 완전한 권위를 두셨는데, "율법을 폐하지 않겠다"는 말씀은 무슨 뜻인가? 율법의 일부분은 폐하여진 것처럼 보인다. 하나님께서는 이스라엘에게 먹을 수 없는 음식의 전체 목록을 주셨다. 그들은 돼지고기, 토끼, 새우, 뱀장어를 먹을 수 없었다. 그러나 마가복음에 따르면, 예수께서는 "무엇이든 밖에서 사람에게로 들어가는 것은 능히 사람을 「더럽게」 하지 못하되"(막 7:14-19 참조)라고 말씀하심으로써 모든 음식이 깨끗하다고 선포하셨다.

레위기는 사람들에게 짐승과 곡물을 하나님께 제물로 드리는 방법을 말하는 데 전체 지면을 할애한다. 그 방법은 매우 구체적이고 자세하게 서술되어 있다. 그러나 오늘날 예루살렘에 가서 제물을 바쳐야 한다고 생각하는 사람은 거의 없다. 우리가 그렇게 하려고 해도, 유대교의 제단과 성전은 존재하지 않는다. 그렇다면 왜 예수께서는 율법을 없애지 않겠다고 말씀하셨는가? 구약의 다른 율례들은 어떠한가? 오늘날 우리는 많은 율례들을 행하지도 않으며 지킬 수도 없다.

어떤 사람들은 율법을 세 부분, 곧 시민법과 의식법과 도덕법으로 나누어서 그리스도께서 율법을 폐하시지 않겠다고 말씀하신 것에 대한 해답을 찾는다. 처음 두 법은 이스라엘 정부와 종교와 관계가 있으며, 세번째 법은 십계명과 관련이 있다. 이러한 관점으로 보면 그리스도는 십계명만을 언급하신 셈이다. 이스라엘은 더 이상 하나님의 직접적인 통치 아래에 있지 않기 때문에 시민법은 적용되지 않았다. 제물에 관한 의식법은 그리스도의 죽음 이후 더 이상 구속력(拘束力)이 없을 것이다. 하나님의 도덕법은 구약에 존재했으며 신약에서 되풀이될 것이었으므로, 그리스도께서 도덕법을 폐하러 오신 것은 아니었다. 이 주장은 처음에는 만족스러운 것처럼 보이지만 문제가 없는 것은 아니다.

왜 구약성경과 신약성경은 율법의 세 가지 형태를 결코 구분하지 않는가? 율법은 단순히 하나님이 주신 것이었으며, 하나님의 백성들은 그 율법을 지켜야 했다. 사실 하나님은 교통 신호

등을 지키고 교회에 출석하는 것이 살인하지 않는 것보다 더 중요하다고 결코 말씀하신 적이 없다. 하나님의 의(義)라는 완전한 힘이 이 세 가지 유형의 율법 뒤에 있는 것 같다. 요컨대 예수께서는 매우 구체적으로 말씀하셨다. 그분은 율법의 일점 일획도 없어지지 않을 것이라고 말씀하셨는데, 그 말씀에는 모든 율법 뿐만 아니라 모든 선지자(선지서)들을 포함하는 것 같았다. "율법과 선지자"라는 문구는 구약성경 전체를 표현하는 방법이었다.

"완전케 함"의 의미

그리스도의 말씀을 해석하려면 "완전케 하다"(fulfill, 마 5:17)의 의미를 자세히 숙고해야 한다. 우리가 "가득 채우다"(to fill full)의 의미로서 이 낱말을 이해한다면, 그리스도께서 말씀하신 것이 더 명료해진다. 율법과 선지자는 연필로 그린 소묘(밑그림)이며, 예수 그리스도는 색을 입힌 것이다. 연필로 그린 밑그림은 전부 색으로 채워질 것이다.

마태복음 11장 13절에서 예수께서는 "모든 선지자와 및 율법의 예언한 것이 요한까지니"라고 선언하셨다. 율법과 선지자가 세례(침례) 요한까지 무엇을 했는가? 율법과 선지자는 그리스도를 대망했다.

그리스도는 어떻게 구체적으로 율법과 선지자들을 완전케 하셨는가? **그리스도는 많은 구약의 예언들을 직접 성취하셨다.** 미가서 5장 2절은 그리스도께서 베들레헴에서 나실 것을 예언했고, 그분은 그곳에서 태어나셨다. 또한 그리스도는 수많은 예언들을 간접적으로 성취하셨다. 마태복음 2장 15절에서 그리스도의 부모는 헤롯을 피해 애굽으로 도망했다. 그들이 후에 애굽을 떠났을 때, 마태는 이것이 호세아서 11장 1절 "내 아들을 애굽에서 불러내었거늘"이라는 말씀의 성취였다고 설명했다. 호세아는 애굽을 떠나 약속의 땅으로 향한 이스라엘에 관하여 기록하였으나, 이스라엘 역사의 전체적인 내용은 그리스도께로 향하였던 것이다. 한 가지 예는 이스라엘의 광야 방랑 생활 40년이었다. 모세는 이스라엘에게, 하나님께서는 "사람이 떡으로만 사는 것이 아니요 여호와의 입에서 나오는 모든 말씀으로 사는 줄"(신 8:2,3 참조)을 알게 하려고 그들을 시험하셨다고 말했다. 그리스도는 광야에서 40일을 보내셨다. 그리고 사단이 그분을 시험할 때 그분은 모세의 말(마 4:4)을 인용하셨다. 그러므로 이스라엘의 경험은 그리스도의 경험을 암시했던 것이다.

그리스도에 대한 구약의 관계는, 레오나르도 다빈치(Leonardo da Vinci)의 「최후의 만찬」(Last Supper)에 나타난 세세한 부분들과 그리스도의 관계와 같은 것이다. 그리스도는 그 그림에서 중심 인물이시지만 미묘한 필치 또한 그 그림을 보는 자들의 시선을 그리스도께로 이끈다. 천정의 모든 들보들도 그분에게 향하고, 제자들의 손도 그분을 가리킨다. 어떤 구약성경 기자들은 직접적으로 그리스도의 생애를 서술했고, 어떤 기자들은 "들보와 손"과 같은 간접적인 것을 이용했다.

어느 것보다도 구약을 더 완전하게 성취한 사건은 아마도 그리스도의 죽음일 것이다. 율법은 죄를 다루는 제사 제도 전체를 규정하였다. 1500년 동안 날마다, 주마다, 해마다 사람들은 자기들의 희생제물을 가져왔다. 이 제물들은, 죄는 형벌을 초래하며 오직 죽음과 피가 그 형벌을 면하게 해 줄 수 있음을 암시했다. 그 수천 마리의 죽은 짐승들은 하나의 희생제물을 가리켰다. 그것이 바로 세례(침례) 요한이 "보라 세상 죄를 지고 가는 하나님의 어린양이로다"(요 1:29)라고 외친 이유이다.

그리스도의 생애에 있었던 사건들, 즉 그분의 탄생과 시험당하심과 십자가에 달리신 사건들이 구약에 완전한 의미를 부여했다. 그러나 예수께서는 자신의 말씀으로도 율법과 선지자를 완전히 성취하셨다. 마태복음 5장의 마지막 부분에서 그리스도는 살인과 간음, 이혼과 맹세, 복수와 이웃 사랑에 관한 율법들을 다루시면서 그 의미를 풍성하게 하셨다. 이 율법들은 빈 물병과 같아서, 그분이 그것들을 가득 채우셨던 것이다. 그분은 율법이 단순한 외형적인 기준들 뿐만 아니라 내적인 가치들도 다룬다는 사실을 보여 주셨다.

우리가 성전의 기구들을 연구하든지, 시편에 나타난 메시야에 관한 구절들을 깊이 탐구하든지, 이사야서 53장의 상세한 기록들에 몰두하든지 간에, 우리는 그리스도를 본다. 태아가 성인(成人)으로 자라서 완전히 성장하는 것과 같이 율법과 선지자는 그리스도의 사역과 말씀으로 완전하게 되었다. 그분은 구약성경의 완성이시다.

고대 세계에서 장인(匠人)들은 종종 서로 다른 색깔의 돌들을 짜맞추어 그림이나 모자이크를 만들었다. 가장 오래된 모자이크는 약 B.C. 2500년의 것으로 추정되는 작품인 "우르의 기장"(Standard of Ur)이다. 이 모자이크에서 장인은 분홍색 사암(砂岩)과 파란색 돌인 청금석을 사용했다. 그는 약 60cm 크기의 나무판 양면에 돌들을 붙였다. 한 면에는 전쟁터로 떠나는 군대를 그렸고 다른 면에는 똑같은 재료를 사용하여 왕 또는 귀족을 묘사했다. 한 조각의 목판 위에 붙여진 이 두 모자이크는 깃발처럼 사용되었다. 다시 말해서 이 모자이크로 된 목판은 우르 왕국의 상징이었다. 만일 어떤 사람이 군인들을 표현한 한 면만 본다면 그는 왜곡된 견해를 가진 것이다. 왕국에는 군인들이 있지만 또한 군인에게는 지도자가 있다.

구약성경을 읽을 때 우리는 한없이 세세한 내용만을 볼 수 있겠지만, 그 내용들을 취하여 적절하게 배열할 때 우리는 왕이신 그리스도를 보게 된다.

제14장

사람에 대한 평가

"그러므로 누구든지 이 계명 중에 지극히 작은 것 하나라도 버리고 또 그같이 사람을 가르치는 자는 천국에서 지극히 작다 일컬음을 받을 것이요 누구든지 이를 행하며 가르치는 자는 천국에서 크다 일컬음을 받으리라"(마 5:19).

호레이스 만(Horace Mann:미국의 교육자)은 "만일 어떤 사람이 위대함을 추구한다면, 그에게 위대함을 잊어버리고 진리를 찾으라고 하라. 그리하면 그는 둘 다 찾을 것이다"라고 말했다. 진리를 구하는 것이 가치 있는 일이라는 사실에 동의할지라도 우리는 여전히 "진리란 무엇인가?"라는 질문에 대답해야 한다.

그리스도께서는 그분의 진리 일부를 "이 계명"이라는 말씀으로 표현하셨다. 그분은 "누구든지 이를(이 계명을) 행하며 가르치는 자는 천국에서 크다 일컬음을 받으리라"(마 5:19)고 말씀하셨기 때문이다. 반대로 그분은 "누구든지 이 계명 중에 지극히 작은 것 하나라도 버리고 또 그같이 사람을 가르치는 자는 천국에서 지극히 작다 일컬음을 받을 것이요"(마 5:19)라고 경고하셨다. 그리스도께서는 어떤 계명을 염두에 두셨는가? 바리새인들은 그분이 율법과 선지자들을 언급하고 계신다고 생각했을 것이다. 그들은 구약성경의 계명들을 지키는 데 최선을 다해 왔기 때문이다. 유감스럽게도 그들은 진리보다는 오히려 위대함을 구하고 있었으며, 얄팍하고 형식적인 차원에서 구약성경의 계명들을 지켰다.

그리스도는 율법과 선지자를 폐하러 오시지는 않았지만 사람들에게 율법과 선지자에 대해 완전하게 이해시키길 원하셨다. 그러므로 "이 계명"이란 말씀은 구약 계시 이상의 것을 의미함이 틀림없다. 다시 말해서 이 말에는 구약 계시에 대한 그리스도의 해석도 포함되어 있는 것이다. 그리스도의 설교를 듣는 자들이 바리새인들의 의(義)를 능가할 수 있는 방법은 오직 구약에 대한 참된 이해를 통해서만 가능했다. 사실 바리새인들은 하나님의 계명이 요구하는 정신을 범하고 있었으므로 하나님 나라에서 가장 작은 자들이었다. 계명이 구약성경에 배경을 두고 있긴 하지만, 그 계명의 정신을 가장 잘 설명해 주는 것은 산상수훈의 계명이다.

그리스도는 그분의 말씀에 귀기울이는 자들에게 소금과 빛으로서의 역할을 다하라는 도전을 하셨다. 마태복음 5장의 마지막 부분에서 그리스도는 여러 가지 계명들을 주셔서 다양한 율법의 참된 정신을 설명하셨다. 예수께서 산상수훈에서 본질적으로 말씀하신 바는 "나는 구약성경의 완성이다. 이제 나는 과거에 예언된 왕국을 세우는 왕으로서 명령하고자 한다. 왕국에서의 너희들의 위치는 이 명령들을 순종하고 가르치는 데 달려 있다"라는 것이다.

계명의 의미를 축소하고 싶은 유혹

그리스도께서 우리가 그분의 명령을 지키는 것과 왕국에서의 우리의 위치 사이의 관계에 관하여 말씀하셨음에도 불구하고, 우리는 그분의 계명의 의미를 축소하고 싶은 유혹을 받는다. 우리는 우리 편을 드는 진리를 원하지만 항상 진리 편에 서고 싶어 하지는 않는다. 거기에는 **두 가지** 이유가 있는 것 같다.

첫째 이유는, 우리가 율법의 정신을 지키지 못하므로 그리스도께서 진정으로 그렇게 말씀하려고 하시지는 않았다는 결론을 내려서 우리의 책임을 회피한다는 것이다. 그리스도께서는 마태복음 5장의 마지막 부분에서 살인과 간음과 이혼에 관하여 가르치실 것이고, 바리새인들처럼 처음에 우리는 그분의 말씀에 찬사를 보낼 것이다. 그러나 그분이 문제의 핵심을 다루실 때, 우리는 그분이 분노와 정욕과 이기심에 관하여 말씀하신 바를 좋아하지 않을 것이다. 우리는 그러한 문제를 합리화시킬 것이다. 그분이 참으로 전달하고자 했던 내용은 화가 살인의 근원이라는 것이 아니라 하나님에 관한 한 화를 내는 것은 살인과 똑같은 죄값을 치러야 하는 죄악이라는 것이다. 우리는 그런 형태의 가르침에 분노하며 그 의미를 축소한다. 이것이 바로 그리스도께서 계명 중에서 가장 작은 것을 범하고 다른 사람들에게 그렇게 가르치는 것에 대해 경고하신 이유이다. 그분은 우리가 그분의 말씀을 가볍게 여기는 것을 원치 않으셨다.

둘째 이유는, 우리가 긍휼을 베풀려고 노력하는 복 있는 사람들이지만 은혜와 진리를 조화시키는 방법을 모른다는 것이다. 진리를 고수하는 사람들은 흔히 은혜가 부족하다. 그들은 수류탄을 내던지듯 진리를 말해 버린다. 반면에 은혜를 장려하는 사람들은 흔히 진리를 희생해 가면서 그렇게 한다. 내 안에도 이 둘간의 긴장 상태가 존재한다는 것을 나 스스로 느낀다. 우리 중 많은 사람들이 가르칠 때 은혜로운 방법으로 가르치고 싶어 한다. 그러나 그렇게 할 때 우리는 종종 그리스도의 계명들을 축소한다.

내 설교를 듣는 교인들 중에 이혼한 사람들이 있을 때, 이혼에 관하여 가르치는 것이 얼마나 어려운지 나는 안다. 이혼은 매우 고통스러운 것이기에, 나는 더 이상 고통을 주고 싶지 않은 것이다. 그 순간 나는 이혼에 관한 진리를 슬쩍 회피하고 싶어하는 자신을 발견한다. 나는 은혜스럽게 말씀을 전하기 원할 뿐 엄격한 사람이고 싶지는 않은 것이다. 그러나 예수께서는 "만일 네가 나를 대표하려면 너는 내 진리를 정확하게 해석해야 한다"고 계속해서 말씀하신다. 내가 그 진리를 해석하는 방법에 따라 은혜와 진리가 서로 조화될 것인지 아닌지가 결정될 것이다.

내가 의사라면, 말기 암에 걸린 환자에게 그 사실을 말하기가 어려울 것이다. 오히려 나는 그에게 그가 천식에 걸렸다거나 양성 종양이 생긴 듯하다고 말할 것이다. 그러나 그가 암에 걸렸다는 사실을 내가 알면서 그것을 숨기려고 한다면, 의사로서 나는 그에게 성실하지 못한 것이다. 암이라는 사실을 정확하게 말해 주지 않는다면 훨씬 더 해로울 수 있다.

17세기 독일 성직자인 조수아 슈바르츠(Josua Swartz)는 "진리 없는 박애가 쉽게 모든 것을 포용하고 신뢰할 수 없는 판단을 내리는 것처럼, 박애 없는 진리는 완고하며 다른 사람을 괴롭히기까지 한다. 그러나 진리에 충실하고 진리 가운데 기뻐하는 박애는 비둘기의 순결함과 함께 뱀의 지혜를 가지고 있다"라고 말했다.

우리가 영혼의 파산자이며 죄를 슬퍼하고 하나님께 순종하는 복 있는 자라면, 우리는 의(義)에 주릴 것이다. 그분은 우리를 배불리 먹이시고, 우리를 향하신 그분의 자비에서 다른 사람들에게로 향하는 자비가 나올 것이다. 우리가 긍휼히 여김을 받을 때 청결하게 되고자 하는 우리의 열망은 점점 더 커질 것이다. 청결하게 되는 과정에서 우리는 진리 자체이신 하나님을 참으로 볼 것이다. **하나님의 진리가 우리의 진리가 될 때, 우리는 참으로 진리와 은혜의 주님을 알기 때문에 은혜와 함께 진리를 향유할 것이다. 다른 사람들에게 진리를 은혜롭게 나눔으로써 우리는 그분의 왕국에서 큰 자가 될 것이다. 그러나 진리를 알고 공유하는 전과정은 하나님에게서 시작된다.** 매튜 헨리(Matthew Henry)가 지적한 바와 같이 "오로지 하나님의 거룩함에 참여함으로써 참으로 인간은 위대하게 될 수 있다."

헬라 철학자 데모크리투스(Democritus)는 진리를 맑은 우물 밑바닥에 놓여 있는 것으로 묘사했다. 어떤 사람들은 그 진리를 직접 보고, 어떤 사람들은 우물에 비친 자신의 모습을 보려고 위치를 정한다. 바리새인들은 율법을 문자 그대로 따랐다. 율법이 그들을 비춰 주었기 때문이다. 그러나 복 있는 사람들은 진리의 표면 밑에 있는 것을 본다. 그들은 그분의 계명이 내포하는 정신을 이해하며 그것을 실천하고 가르친다.

하나님의 진리로써 행하는 것이 무엇보다도 중요하다. 그분의 왕국에서 그것이 우리가 큰 자인지 작은 자인지를 결정할 것이다.

제15장

우리의 규칙

"내가 너희에게 이르노니 너희 의가 서기관과 바리새인보다 더 낫지 못하면 결단코 천국에 들어가지 못하리라"(마 5:20).

아들에게 산수를 가르친다고 할 때 나는 먼저 덧셈을 가르칠 것이다. 그리고 7 더하기 5는 12이고 거기에다 5를 더 더하면 17이다라는 식으로 쉬운 계산부터 시작할 것이다. 세로로 배열된 몇 개의 한 자리 숫자를 더한 후에 아들 녀석은 "알았어요. 다 배운 것 같은데요"라고 말할 것이다.
『아니야, 더 배워야 해. 좀더 큰 숫자를 더해 보자.』
그렇게 말한 후 나는 225와 325와 621이라는 숫자를 세로로 배열한다. "그건 1,161이예요"라고 아들이 큰 소리로 대답한다.
『아니야, 그 수들을 다 더하면, 1,171이 돼』라고 나는 인내심을 가지고 대답한다.
『너는 1을 일자리에서 십자리로 옮기는 것을 잊은 거야.』
"잘 보세요, 그것은 1일뿐이에요"라고 그는 불평했다. 『아니야, 그것은 10이야』라고 나는 설명해 준다.

『1,000을 만들려면 10이 몇 개나 있어야 될까? 네 용돈으로 말한다면 10(달러)은 많은 거야. 그것은 5주일 용돈에 해당되지. 킬로미터로 말한다면 10km의 거리는 여러 시간 걸려서 걸어야 하는 먼 거리야.』
"참 별것 아닌 것 가지고 야단이시네요. 동생보다는 제가 더 잘하는 걸요. 그 애는 아마 30이나 차이가 나게 답할 걸요."
『네가 동생보다 더 잘하는 것은 중요하지 않아. 너는 계산을 정확하게 해야 되는 거야.』
"제가 225와 325와 621을 더할 때는 언제나 그 합이 1,171이라는 것을 기억할께요"라고 아들이 장난하듯 말한다.
『안 돼. 그렇게 해선 안 된단다. 물론 합계는 맞지만 계산하는 방식을 알아야 해. 결과가 아니라 계산하는 과정을 배워야 되는 거야.』
"아빠, 너무 기죽이지 마세요. 전 숫자를 더할 능력이 없단 말이예요. 왜 아버지는 정답만을 고집하시는 거죠?"

『그것이 바로 셈을 하는 방법이니까. 난 그 방법을 바꿀 수 없어. 나와 함께 공부하자. 내가 도와줄게. 어떤 식으로 계산을 하는지 이해할 수 있게 가르쳐 줄게. 그러나 너는 정확한 답을 찾아야 한다.』

셈본을 배울 때 생기는 일이 야구공을 던지는 방법을 배울 때에도 마찬가지로 생긴다. 만일 내가 야구에 관해 전혀 알지 못하면서 야구공을 던지는 법을 배우려고 한다면, 야구를 잘 아는 친구와 함께 야구장으로 갈 것이다. 그 친구는 내게 직구나 커브를 던지려면 공을 어떻게 잡아야 하는지 가르쳐 준다. 그 다음에 그는 나를 투수 마운드로 데리고 가서 이렇게 말한다.
"18m 정도 떨어져 있는 저 흰 것이 보이지. 그게 홈 플레이트야. 공을 던질 때 홈 플레이트 위로 공이 지나가게 해야 돼."
그런 다음 나는 투구 폼을 잡고 공을 던진다. 처음에 던진 공은 홈 플레이트에서 왼쪽으로 크게 벗어난다. 내 친구는 공을 다시 내게 던져 준다. 다음에 던진 공은 오른쪽으로 벗어나지만 겨우 15cm 정도 벗어났을 뿐이다. 그러면 나는 『좀더 안쪽으로 던져야지!』라고 말한다. 그러면 친구는 이렇게 말한다.
"더 안쪽으로 던지되 홈 플레이트 위로 공이 지나가게 해야 해."

나는 다섯 번 더 공을 던지지만 모두 벗어난다. 나는 웃으면서 이렇게 말한다.
『홈 플레이트를 좀 크게 해. 두 배 정도로.』
"안 돼, 홈 플레이트를 두 배로 크게 만들 수는 없어. 본래 크기의 플레이트 위로 공이 지나가게 던져야 해."
『이봐, 나는 그렇게 하지 못할 것 같애. 그런데 플레이트의 크기가 뭐 그리 중요하지? 더 크고 멋진 플레이트가 있다면 나는 잘 던질 수 있어.』

"미안하지만 그게 야구의 규칙이야. 내가 홈 플레이트를 더 크게 할 순 없어. 내가 좀더 많은 조준점을 정해 줄 수 있지만 넌 홈 플레이트 위로 공이 지나가게 던져야 해."

『정말, 넌 참 제멋대로구나, 그렇지 않니? 공이 꼭 홈 플레이트 위로 지나가게 던져야 한다고 우기니 말야.』

"아니야. 그건 내 멋대로 하는 것이 아니야. 만일 잇달아 네 번을 홈 플레이트 위로 지나가게 공을 던지지 못하면 '포볼'(four ball)이 되어서 타자가 일루로 나간단 말야. 나는 네가 빠른 공이나 커브 공을 얼마나 잘 던지는지 상관 안 해. 하지만 네가 플레이트 위로 공을 던지지 못한다면 너는 투수가 될 수 없어."

『내 능력에 맞게 게임을 쉽고 알맞게 만들 수는 없어?』

"안 돼, 너는 게임에 네 능력을 맞추어야 해. 나는 너와 게임을 할 수는 있지만 그 경기 규칙을 바꿀 수는 없어."

산수와 야구의 예화에서 우리는 학생을 가르치는 교사가 직면한 문제가 무엇인지 알 수 있다. 예수께서는 위대한 스승이셨으며, 그분은 그 당시 사람들에게 의롭게 되는 것이 무엇인지를 알려 주시려고 했다. 그분은 이렇게 말씀하셨다.

"내가 너희에게 이르노니 너희 의(義)가 서기관과 바리새인보다 더 낫지 못하면 결단코 천국에 들어가지 못하리라"(마 5:20).

예수께서는 두 종류의 서로 다른 무리에게 "의"를 설명하셔야 했다. 한 무리는 바리새인들이었다. 그들은 빠른 직구와 커브를 던지는 방법을 알았으며 덧셈을 할 줄 알았다. 그들은 항상 올바르게 던지거나 더하기를 잘 하지는 않았지만 다른 사람들보다는 잘했다. 그러므로 그들은 그 당시 의(義)의 표준으로 간주되었다. 예수께서는 그들이 얼마나 의로운지에 상관없이 그들은 천국에 들어가기에 필요한 의가 모자르다는 사실을 그들에게 보여 주고자 하셨다.

또한 그분은 자신의 제자들에게 말씀하셨다. 그분은 그들이 하나님의 계명에 어떻게 반응하느냐 하는 것이 천국에서 그들의 위치를 결정할 것이라고 말씀하셨다. 제자들은 의에 주리고 목말라 해야 했다. 그리스도께서는 의가 무엇인지 그들이 알기를 원하셨다.

목표와 은혜

산상수훈은 목표와 은혜의 흥미로운 결합을 제시한다. 바리새인들은 그 목표를 이해했다. 아니 이해한다고 생각했다.

만일 우리가 목표만 가지고 있다면, 다음 두 가지 일들이 벌어질 것이다. 특히 그 목표가 의(義)일 경우에 그러하다.

첫째, 우리는 의(義)를 날조할 것이다. 그것은 열 배, 열다섯 배 또는 오십 배로 곱하거나 나눈 의이다. 아니면 우리는 홈 플레이트를 60cm 정도 크게 만든다.

둘째, 우리는 당황할 것이다. 목표 때문에 우리는 함정에 빠지고 좌절할 수 있고 파산한 것처럼 느낄 수도 있다. 그런 상황에서 우리가 산수를 할 줄 모른다는 사실을 깨닫고 더 많은 도움을 구하게 된다면, 그것은 그리 나쁜 것이 아니다. 또 우리가 친구를 찾아가서 야구공을 어떻게 던지는가를 지켜봐 달라고 한다면, 그것은 좋은 징조이다. 목표를 이루지 못할 때 우리는 은혜로 돌아갈 수 있다. 그리고 은혜는, 우리 곁에 있으면서 우리가 갖고 있지 않은 재능을 갖게 해 주는 친구와 같다.

반대로 우리가 은혜는 가지고 있으나 목표가 없다면 우리는 어느 것도 이루지 못한다. 우리는 우리에게 필요한 것이 무엇이고 은혜가 우리 삶 속에서 무엇을 하는지를 알지 못한다.

우리는 갖고 있지도 않은 목표를 날조할 수 없다. 목표가 없으면 공을 더 안쪽으로 던졌다고 확신할 수 없다. 우리는 자신의 능력이나 감정에 맞추어서 산수의 목표를 만들 수 없다. 우리는 투수의 동기를 고려하라고 심판에게 강요할 수 없다. 또 노련한 선수보다 신인 투수에게 너그럽게 판정하라고 심판에게 요구할 수도 없다. 우리는 그렇게 할 수 없다. 만일 우리가 임시변통으로 그렇게 한다면, 표준을 깨뜨리는 결과를 낳는다.

산상수훈에서 예수께서는 그분의 나라를 상속하는 사람들의 특징들에 관하여 말씀하셨다. 그들은 심령이 파산한 사람들이며, 자신의 의롭지 못함을 애통해 하는 자들이다. 그러므로 그들은 온유하며, 하나님께 의지하게 된다. 그들은 자신들이 갖지 못한 의에 주리고 목마르다. 그리고 그러한 굶주림으로부터 은혜가 생기며, 하나님이 그들을 배불리 먹이신다. 그러한 사람들은 자비롭고 마음이 청결하며 화평케 하는 자들이다. 예수께서는 계속해서 말씀하시기를, 이들은 썩어 가는 고기 위에 놓인 소금과 같이 이 사회의 모습과는 반대되는 자리에 서는 자들이라고 하셨다. 그들은 한밤중에 산 위에서 반짝이는 동네와 같다. 우리는 그들을 보지 않을래야 보지 않을 수 없다.

예수님의 설교를 듣고 사람들은 그 말씀들이 혁명적인 생각은 아닌가 하고 생각했다. 예수께서는 새로운 표준을 제시하려고 하셨는가? 그분은 그들이 1700년 동안 따랐던 율법과 선지자를 폐하려고 하셨는가? 예수께서는 "아니다. 나는 율법과 선지자와 내가 어떤 관련이 있는지 너희들이 알기를 원하는데, 그것은 율법과 선지자가 가르친 모든 것이 내 안에서 성취된다는 것이다"라고 말씀하셨다.

구약의 역사는 그리스도의 생애를 지향했다. 구약의 의식(儀式)들은 그분을 가리키는 것이었다. 제단 위에 바쳐진 짐승들도 그분을 가리켰다. 음식에 관한 율법도 그분을 가리켰다. 구약은 연필로 그린 스케치이고, 그분은 완성된 초상화이다. 그분은 구약을 완성하셨다. 또한 그분은 율법의 의미를 온전히 이루심으로써 율법을 완성하셨다. 바리새인들, 곧 스스로 의로워질 수 있다고 생각한 굉장히 선한 자들에게 예수께서는 의(義)의 표준이 그들이 율법에서 깨달은 것보다 더 크다는 사실을 알리셨다. 의에 굶주리고 목마른 제자들에 대해서 그분은 그들이 어떤 종류의 의를 구해야 할지를 가르치셨다.

그리스도 당시의 사람들은, 우리 시대 대부분의 사람들과 마찬가지로 율법을 자구적(字句的)으로 지킴으로써 율법을 지킬 수 있다고 생각했다. 우리는 그렇게 생각하는 그들을 비난할 수 없다.

법률이 사회에 작용하는 방법도 마찬가지이다. 내가 소득세를 낼 때, 세무원은 내가 기쁜 마음으로 소득세를 내는지 그렇지 않은지를 따지지 않는다. 그는 내가 애국자인지, 대통령에게 충성을 다하는지에 아무런 상관도 하지 않는다. 내 동기는 문제가 되지 않는다. 중요한 것은 소득세로 17만원이 나왔다면 나는 17만원을 내야 한다는 것이다. 만일 내가 소득세를 내지 않는다면 그는 1년 내내 나를 성가시게 굴 것이다. 그런 상황에서 "나는 애국자이다"라고 말한다고 해서 면세의 혜택을 받을 수는 없다.

아내가 자기 남편을 살해하기로 어느 순간 결심할 수 있다. 그러나 아내가 그런 마음을 갖고 있다고 해서 법이 그 여자를 법정에 서게 하지는 못한다. 그녀는 그 일에 관하여 생각할 수 있고 그렇게 할 기회가 오기를 바랄 수도 있다. 그러나 그녀가 남편을 죽일 때에야 비로소 법은 그 여인을 고발할 수 있다.

어떤 남자가 한 여인을 강간하고 싶어할 수 있다. 그는 마음속으로 그런 상상을 하고 그렇게 하면 어떤 기분이 들까 생각해 볼 수도 있다. 그러나 그가 강간을 마음 속으로 상상했다고 해서 감옥에 가는 것은 결코 아니다. 그가 감옥에 갈 만한 행위를 할 때만 감옥에 간다. 검사는 사람이 마음으로 상상하는 것을 고발할 수 없다.

그리스도 당시의 사람들은 우리 시대의 사람들처럼 그들의 동기를 죄로 보지 않았으므로, 그들의 주된 관심은 율법에 쓰인 문자 그대로의 내용이었다. 그러나 하나님은 문제의 핵심에 관심을 가지신다. 중요한 것은 마음이다.

그로버 클리블랜드(Grover Cleveland:23대 미국 대통령)가 인생의 황혼기에 접어들었을 때 "나는 올바른 일을 행하려고 무던히도 애썼다"고 애석해 했다. 우리는 때때로 클리블랜드와 같은 생각을 갖지만, 예수께서 의에 관하여 말씀하신 바를 생각할 때 우리는 결코 덧셈을 할 수도 없고 홈 플레이트 위로 공을 지나게 할 수도 없을 것이라는 결론을 내리게 된다. 그러나 만일 우리가 그러한 파산 상태를 깨닫는다면, 우리는 좋은 상태에 있는 것이다. 예수께서는 "심령이 가난한 자는 복이 있나니 천국이 저희 것임이요"라고 말씀하셨다. 우리는 예수 그리스도를 통하여 하나님과의 문제들을 해결할 수 있다.

율법은 우리를 은혜로 돌아가게 해야 한다. 목표는 우리를 하나님께로 돌아가게 해야 한다. 목표들을 앎으로써 우리는 은혜의 필요를 알게 되며, 은혜를 이해할 때 우리는 하나님이 자신을 믿는 자들에게 주시는 의(義)에 주리고 목말라 한다는 말이 무슨 의미인지를 발견하게 된다. 그 의는 문자 그대로의 율법에 우리 행동을 일치시켜 행하는 것이 아니라 우리의 마음을 성령께 일치시키는 것이다.

제16장

분노와 그 파급 효과의 처리

"옛 사람에게 말한 바 살인치 말라 누구든지 살인하면 심판을 받게 되리라 하였다는 것을 너희가 들었으나 나는 너희에게 이르노니 형제에게 노하는 자마다 심판을 받게 되고 형제를 대하여 라가라 하는 자는 공회에 잡히게 되고 미련한 놈이라 하는 자는 지옥 불에 들어가게 되리라 그러므로 예물을 제단에 드리다가 거기서 네 형제에게 원망 들을 만한 일이 있는 줄 생각나거든 예물을 제단 앞에 두고 먼저 가서 형제와 화목하고 그 후에 와서 예물을 드리라 너를 송사하는 자와 함께 길에 있을 때에 급히 사화하라 그 송사하는 자가 너를 재판관에게 내어 주고 재판관이 관예에게 내어 주어 옥에 가둘까 염려하라 진실로 네게 이르노니 네가 호리라도 남김이 없이 다 갚기 전에는 결단코 거기서 나오지 못하리라"(마 5:21~26).

로스엔젤레스에 위치한 켈리포니아 대학(UCLA)의 비버(R. J. Beaber) 박사는 이렇게 쓰고 있다.

"터지기를 기다리는 분노의 저수지가 각 사람의 마음 속에 자리잡고 있다. 우리는 우리 주차장에 차를 갖다 댄 사람이나 우리의 상사(上司)를 멸시하거나 살해하는 상상을 한다. 우리는 문명화된 법 사회에서 성장함으로써만 균형 있는 반응을 배운다."

산상수훈에서 그리스도께서는 율법에 대한 균형 있는 반응이 마음에서 생기는 고의적인 분노를 완전히 덮어 가릴 수 있다고 설명하셨다. 그분은 우리의 의가 바리새인들의 의를 능가해야 한다고 말씀하셨다. 바리새인들은 율법을 문자 그대로 지킴으로써 그 사회의 표준에는 이르렀으나, 그들의 마음은 악했다.

예화의 이해를 위한 지침

예수께서는 여섯 가지 예화를 제시하셔서 구약의 율법이 진정으로 무엇에 관한 것인지를 보여 주셨다. 마태복음 5장의 나머지 부분은 그러한 예화들을 기록하고 있다. 그러나 우리가 그 예화들을 이해하려면 최소한 **네 가지**를 깨달아야 한다.

첫째로, 우리는 예화들을 문맥 속에서 이해해야 한다.
만일 산상수훈에서 각 단락이나 문장만을 본다면 우리는 예수께서 의도하신 바를 놓칠 것이다.

둘째로, 우리는 예수께서 팔레스틴에서 설교하셨다는 사실과 근동의 설교자들과 교사들은 이야기를 좋아했다는 사실을 염두에 두어야 한다.
예화는 설교자들과 교사들이 주로 사용하는 방법이었다. 조금 실망스러운 것은, 그들이 흔히 그 의미를 설명하지 않은 채 이야기를 한다는 것이다. 예수님의 비유는 이야기이지만, 그분이 그 이야기를 사용하시는 방법은 우리가 예화를 사용하는 것과 다르다. 우리는 추상적인 것을 설명하기 위하여 예화들을 사용한다. 그러나 근동의 화자(話者)는 그저 이야기를 해 주고 청중들이 스스로 그 이야기의 요점을 발견하도록 한다. 청중들은 직관으로 그 교훈을 이해한다.

셋째로, 그 이야기들은 설명되지 않을 뿐만 아니라 때로는 혁명적인 내용을 포함하고 있다.
예수께서는 우리가 그분의 제자가 될 수 있으려면 먼저 우리 가족을 미워해야 한다고 말씀하셨다(눅 14:26). 이것은 강력한 말씀이다. 그러나 그분은 우리가 가장 가깝고 친밀한 자들에게 적개심을 품어야 한다고 말씀하신 것이 아니었다. 예수께서는 그분에 대한 우리의 헌신 때문에 우리와 가족과의 관계가 미워하는 것처럼 보이게 될 것이라는 점을 분명히 하신 것이었다. 이러한 대조는 과장법이다.

넷째로, 예수께서는 율법이 단순히 문자가 아니라 정신이라는 원리를 강조하기 원하셨다.
율법은 마음으로 지켜야 한다. 외형적인 복종은 참된 율법 준수와는 별로 상관이 없다. 만일 그 원리를 이해하지 못한다면 우리는 단지 산상수훈을 또 하나의 율법으로 만들어 버리는 셈이다.

예수님의 첫번째 예화

예수께서 율법에 관해서 주신 여섯 가지 예화 중의 첫번째는 십계명 중에서 제 6계명인 "살인하지 말라"는 것에서 나왔다. 바리새인들과 제자들과 무리의 대부분이 "나는 사람을 죽인 적이 없으니까 그 계명에 대해 걸리는 것이 없어. 문제 될 것이 없단 말이야"라고 말할 수 있었기 때문에, 그 계명으로 이야기를 시작해도 무리가 없었다. 자기 자신이 아닌 다른 사람들에 관한 설교를 듣는다는 것은 언제나 마음 편한 일이다.

그래서 예수께서는 "옛 사람에게 말한 바 살인치 말라 누구든지 살인하면 심판을 받게 되리라 하였다는 것을 너희가 들었으나"(마 5:21)라고 말씀하심으로써 시작하셨다. 청중들에게는 신약성경은 말할 것도 없고 인쇄된 구약성경이 없었으므로, 성경은 항상 공식적인 낭독의 형식을 취했다. 회당에서 율법을 낭독할 때는 율법 전체를 일곱 부분으로 나누어서 각 부분을 조금씩 일곱 명이 차례로 일어서서 읽었다. 그 다음에 다른 사람이 예언서의 구절을 읽었고 마지막으로 또다른 사람이 일어나 그 구절을 해석했다. 그래서 예수께서는 그들이 들었던 바 "살인하지 말라 누구든지 살인하면 심판을 받게 되리라"는 계명에 관해 말씀하셨다.

사실 십계명은 심판에 관하여 말씀하지 않았지만, 유대의 교사들이 민수기 35장 30,31절을 그 계명과 결합시켰다. 이 민수기 말씀은 살인자에 대한 판결 과정과 형벌을 기술한 것이다. 이 계명에 결과들을 덧붙임으로써 교사들은 도덕법에서 시민법으로 그 계명의 강조점을 바꾸어 놓았다. 그들은 그 행위보다는 오히려 그 형벌에 초점을 맞추었다.

예수께서는 한 가지 예화를 들어서 살인에 관한 자신의 가르침을 계속해서 말씀하셨다. 그분은 만일 유대의 교사들이 살인의 법률적인 면, 곧 판사가 살인죄에 대해 내리는 판결에 주의를 집중했다면 또한 그들은 분내는 것에 대해서도 법정에서 다루도록 법을 제정해야 한다고 말씀하셨다. 살인의 동기가 되는 분노는 법정에 고발할 만한 죄목이다.

예수께서 분노의 의미로 사용하신 단어는 우리가 마음 속에 품고 키우는 분노, 곧 천천히 되씹어 보는 분노를 의미했다. 그것은 복수를 꿈꾸는 그런 분노였다. 그것은 "무딘 칼로 당신의 살가죽을 벗기는 것에 관하여 생생하게 묘사한" 우드하우스(P. G. Wodehouse:영국의 유머 작가)의 작중 인물과 같은 것이다.

분노는 살인의 핵심이다. 예수께서는 만일 교사들이 법정에 관해 말하려면, 이 분노를 다루어야 할 것이라고 주장하셨다. 동기가 행동을 하게 만든다. 그런 다음 그분은 "형제를 대하여 라가라 하는 자는 공회(그 당시 최고 법정)에 잡히게 되고"라고 말씀하셨다. "라가"라는 말은 아람어였는데, 이것은 영어로 "멍청이"(blockhead), "바보"(stupid) 또는 "백치"(idiot)로 번역될 수 있다. 그분은 농담으로 하는 말이 아니라 증오에 찬 비방과 명예 훼손과 분노의 표현, 그리고 아마도 살인하려는 의도에 관하여 말씀하신 것 같다.

그분은 "(누구든지) 미련한 놈(You Fool)이라 하는 자는 지옥 불에 들어가게 되리라"라고 말씀하셨다. 사람을 바보 또는 멍청이라고 부르는 것은 속된 말을 주고받듯이 쉽게 주고받는 말이 아니었다. 이 말은 마치 하나님이 계시지 않는 듯이 사는 사람, 도덕적으로 영적으로 부패한 사람을 일컫는 말이었다. "라가"라는 말은 사람의 지적(知的) 능력을 조롱하는 것이었지만 "미련한 놈"이라는 말은 사람의 도덕적 품위를 조소하는 것이었다.

만일 살인자가 지옥에 가는 것이 당연하다면 남을 비방하고 욕하는 자와 중상 모략하는 자들도 역시 지옥에 들어가는 것이 마땅하다. 살인 행위는 육체적인 결과이므로, 그러한 의미에서 살인하려는 생각보다 더 나쁜 것일 수 있지만, 하나님이 보시기에 살인하려는 생각을 가진 자들은 사람을 때려 죽이는 살인자들만큼이나 죄가 있다. 하나님은 동기를 보신다. 곧 그분은 우리의 내면이 의로운지 그렇지 않은지를 아신다.

어떤 사람은 예수님 자신도 화를 내셨다고 주장하여 이 말씀에서 벗어나기를 원할 것이다. 예수님이 화를 내신 일이 있음은 사실이다. 한때 예수께서는 바리새인들의 율법주의에 진노하셨다(막 3:5). 종교 지도자들은 예수께서 안식일에 병자를 고치셨다고 몹시 화를 내었고, 예수께서는 그들이 자신들의 어리석은 종교 때문에 그분이 선을 행한다는 사실을 깨닫지 못하였으므로 그들에게 몹시 분노하셨다. 나중에 그분은 바리새인들을 외식하는 자이며 우맹(愚氓)이라고 하셨다(마 23:13-33 참조). 그분은 올바로 지적하셨다. 그들은 도덕적으로 파탄한 자들이었다. 그분은 법적인 심판을 하셨던 것이다. 예수께서 화를 내셨을 때, 그것은 불의와 죄 때문이었다. 다시 말해서 그분의 화는 인신 공격적인 것이 아니었다. 때때로 분노는 의(義)의 열매일 수 있다. 예를 들면 마약 판매인은 우리를 화나게 만든다. 우리는 하나님의 좋은 선물인 성(性)을 왜곡시키는 음란 도서 작가들이나 맞서 싸울 힘이 없는 자들을 학대하는 자들에 대해 분노해야 한다.

예수께서는 개혁으로 귀결되는 분노가 아니라 살인으로 끝을 맺는 분노에 관하여 말씀하셨다. 우리는 보통 개인적인 모욕에 화를 내어 "나를 모욕했지! 뜨거운 맛을 보여 주겠어!"라고 말한다.

예수께서 부당하게 체포되어 인민 재판에 회부되고 병정들에게 침뱉음을 당하고 가시관을 쓰고 사람들의 조롱을 받고 십자가에 못박히셨을 때, 그분은 말 한마디 하지 않으셨다. 그분은 사람들의 욕설을 되받아 똑같이 욕하지 않으셨다. 예수께서 십자가에 달리실 때, 그분은 말라붙은 입술로 "아버지여 저희를 사하여 주옵소서 자기의 하는 것을 알지 못함이니이다"(눅 23:34)라고 말씀하셨다. 그러므로 불의에 대한 분노는 사소한 멸시에 대한 분노와는 다르다. 십자가에 못박히는 것은 사소한 멸시가 아니었지만, 예수께서는 그것을 그렇게 취급하셨다. 만일 그분이 지옥을 방불케 하는 고문을 그렇게 대하실 수 있었다면 우리는 작은 압박들을 얼마나 더 견디어 내야 하겠는가?

분노에서 비롯되는 관계 파괴의 대처법

때로 불의(不義)에 대한 분노가 왜곡된다. 그것은 대의명분을 위한 분노로 시작되지만 그 다음에는 낙태 전문 병원을 비난하는 것과 같은 개인적인 것이 된다. 우리는 낙태 시술자들을 반대하지 않고도 낙태를 반대할 수 있다. 만일 우리의 의(義)가 개인적인 분노로 타락한다면, 우리는 하나님의 율법의 심판을 받을 것이다. 그 율법은 문자 뿐만 아니라 정신도 다룬다. 우리는 외형적인 순종 뿐만 아니라 마음으로도 하나님의 법을 지킨다. 그렇기 때문에 예수께서는 분노 때문에 관계가 파괴될 때 문제를 바로잡기 위하여 우리가 할 수 있는 한 빨리, 우리가 할 수 있는 모든 일을 할 필요가 있다고 말씀하셨다. 그분은 이것을 이해시키기 위하여 **두 가지** 예화를 사용하셨다.

첫째로, 예수님은 교회에 드리는 예물이 친구와 화해를 하는 것만큼 중요하지는 않다고 말씀하셨다.
우리는 종종 한쪽에서 죄를 범하고서 다른 쪽에서 선행을 함으로써 그 죄를 덮어 버리려고 한다. 남의 재물을 횡령하는 자들은 헌금함에 특별 헌금을 할지도 모른다. 예수께서는 교회에 출석하는 일이 친구와의 깨진 관계를 덮어가리지 못할 것이라고 말씀하셨다. 하나님께 예물을 드린다고 해서 잘못이 가려지지는 않는다.

만일 우리가 친구를 반목하는 일을 했고 그가 그것에 관해 모른다면, 우리는 하나님 앞에서 그 잘못을 해결할 수 있다. 그러나 만일 쌍방이 다 그 사실을 안다면, 우리는 그것을 바로잡아야 한다. 그 다음에 돌아와서 예물을 드릴 수 있다. 헌금함에 헌금을 하고 교회에 출석하고 찬송을 부르고 성경을 읽고 예배를 드린다고 해서 다른 사람과 화목하지 못한 관계가 가리워지지는 않는다. 그것은 예물을 드리기 전에 해결해야 한다. 그것이 바로 의(義)이다. 곧, 우리가 잘못이라고 알고 있는 바를 바로잡는 일이다.

만일 내가 형제를 향해 지닌 적대감이 해결되지 않은 채로 남아 있다면 하나님을 경배할 수 없기 때문에 화목은 중요하다. 시편 기자가 기록한 바와 같이 "내가 내 마음에 죄악을 품으면 주께서 듣지 아니하실"(시 66:18) 것이다. 깨진 관계를 종교 의식(儀式)으로 감출 수 있다고 생각하는 것보다는 일찍감치 교회를 나와서 하나님을 기다리시게 하고 화해한 다음 돌아오는 것이 더 낫다.

나는 사람들이 서로 이야기 나누는 것을 거부하는 교회에 다닌 적이 있었다. 그들은 찬송을 부르고 기도하고 헌금을 드리지만, 교회에서 자신들과 함께 예배드리는 사람들을 멸시했다. 하나님은 우리가 외형적으로 순종한다고 해서 우리에게 좋은 점수를 주시지는 않는다. 무엇이 잘못되었는지 알 때, 만일 우리가 진정으로 의(義)에 관심이 있다면 우리는 다른 사람들과의 이러한 불화들을 해결해야 한다.

둘째로, 예수님은 법정에 소송이 제기되기 전에 분쟁을 해결해야 한다고 말씀하셨다.

그리스-로마 세계의 법은 시민들의 범인 체포를 인정했다. 만일 어떤 사람이 다른 사람의 호주머니 물건을 소매치기했다면 그는 절도죄를 지은 것이다. 또 어떤 사람이 공중 목욕탕에서 옷을 훔치거나 다른 사람의 노예를 훔친다면, 어떤 시민이든지 경찰을 부르지 않고도 도둑을 체포하여 그를 법정으로 끌고갈 수 있었다. 법정에서 재판관은 판결을 내리고 범죄자를 간수에게 넘길 것이다. 유죄가 확정된 도둑은 소위 채무자의 감옥이라는 곳에 수감될 것이다. 강도들은 훔친 물건들을 피해자에게 배상할 때까지 수감되었다. 그러나 감옥은 돈을 벌 수 없는 곳이었다. 예수께서는 재판관이 개입하기 전에 문제를 해결하라고 말씀하셨다. 그분은 분쟁이 있을 때 급히 화해해야 함을 강조하셨다.

문제를 빨리 해결하지 않으면 분노는 노골적인 적개심이 될 수 있으며, 곪게 내버려둔 문제들은 더 악화될 뿐이다. 더 중요한 것은, 만일 우리가 불화를 해결하지 않은 채 죽는다면, 사랑과 성결의 하나님 앞에 설 때에 어떻게 되겠는가 하는 것이다. 따라서 실제적인 이유에서도 그렇고 신학적인 이유에서도 분쟁은 즉시 해결되어야 한다.

셰익스피어 연극에서 전문으로 배역을 맡은 영국인 여배우 데임 시빌 손다이크(Dame Sybil Thorndike)는 저명한 배우 루이스 카슨(Lewis Casson) 경과 결혼하여 수년을 보냈다. 그가 죽은 후 그 여배우는 결혼 생활 중에 이혼을 생각한 적이 있었는가 하는 질문을 받았다. 그녀는 "결코 없었다. 그러나 종종 남편을 죽이고 싶다는 생각을 한 적은 있었다!"라고 대답했다.

제 6계명을 지키는 것은 실제로 살인을 하지 않는 것 그 이상의 의미가 있다. 하나님은 우리의 동기에 관심을 가지신다. 살인을 하고서 하나님 앞에서 빠져나갈 수는 없다. 그분은 우리의 마음을 아신다.

제17장

단호한 자세

"또 간음치 말라 하였다는 것을 너희가 들었으나 나는 너희에게 이르노니 여자를 보고 음욕을 품는 자마다 마음에 이미 간음하였느니라 만일 네 오른눈이 너로 실족케 하거든 빼어 내버리라 네 백체 중 하나가 없어지고 온 몸이 지옥에 던지우지 않는 것이 유익하며 또한 만일 네 오른손이 너로 실족케 하거든 찍어 내버리라 네 백체 중 하나가 없어지고 온 몸이 지옥에 던지우지 않는 것이 유익하니라"(마 5:27~30).

한 대학생의 다음과 같은 개그는 아마도 우리 시대의 풍조를 대변해 주는 것 같다.
"어떤 노인이 산장에서 하룻밤을 묵고 내려와 이렇게 말했다. 「간음하지 말랐다고 해서 내가 이 재미보는 맛을 포기할 것 같은가?」"

휴 헤프너(Hugh Hefner)가 1950년대에 『Playboy』지(誌)를 처음으로 발행했을 때, 미국 전체가 떠들썩했다. 그러나 시대가 변해서 이제는 이 잡지가 더 이상 외설스러운 것으로 보이지 않는다. 이 잡지는 『Time』지나 『Newsweek』지처럼 우리 사회에서 용납할 수 있게 되었다. 미국에 있는 휴 헤프너의 플레이보이 클럽들은 "바니걸"들이 토끼처럼 순해 보이기 때문에 모두 문을 닫았다. 헤프너의 클럽들은 모든 섹스는 마냥 좋은 것이며 매우 재미있는 것이라는 그의 철학을 오랫동안 지켜 왔다. 사람들은 자신들이 좋아하는 사람이 누구든지 간에 그와 함께 언제 어디서든지 섹스를 즐길 수 있어야 한다. 이 철학을 반대하는 사람은 누구든지 "청교도"라는 무시무시한 낙인이 찍혔는데, 이 말은 인생에서 기쁨을 뺏기 위해 사는 자들이란 의미였다. 간음은 나쁜 것이 아니다. 그것은 단지 청교도의 컴플렉스일 뿐이다.

더 놀라운 일은 '거리낌없는 쾌락주의'라는 헤프너의 철학이 학계와 종교계에서 많은 지지를 받는다는 사실이다. 윤리 교사들은 성인(成人)들이 합의 하에 간음을 하고 아무도 상처를 받지 않는 이상 간음은 나쁜 것만은 아니라고 주장한다. 이러한 환경에서 성적인 방종은 어느 누구의 책임도 아니며, 분명히 우리를 놀라게 하는 것도 아니다.

그러나 더욱 나쁜 것은 몇몇 종교인들이 헤프너의 자유 분방한 철학을 기독교 신앙으로 미화시키려 한다는 점이다. 그들은 예수께서 우리에게 사랑하라고 가르치셨다고 주장하며, 두 사람이 진정으로 서로를 사랑하는 이상, 결혼했건 독신이건, 불법적인 정사(情事)이건 합법적인 정사이건, 사랑은 모든 것을 덮어 준다고 단언한다. 결국 사랑이 참으로 예수님의 종교가 아닌가? 이 종교 지도자들은 파괴적인 철학을 지지할 뿐만 아니라 예수께서 결코 승인하지 않으셨던 행동들을 인정하게 하려고 노력한다.

『베니스의 상인』(*The Merchant of Venice*)에서 셰익스피어(Shakespeare)는 이러한 실정을 다음과 같이 표현했다.

> 진지한 태도를 가진 그리스도인이라면
> 저주받을 만한 잘못에 대해서,
> 멋진 장식으로 그 잘못의 터무니없음을 가리운 채
> 성경을 들먹여서 그것을 축복하고 인정하겠는가?

앞의 내용과 간음에 대한 가르침의 상관 관계

산상수훈에서 예수께서는 우리 시대의 죄를 거론하셨으며, 간음에 관하여 말씀하셨다. 근동의 설교자로서 예수께서는 중도(中道)를 취하지 않고 자신의 가르침의 요점들을 서로 날카롭게 대비시키셨다.

예수께서는 한 주장을 펴셨는데, 우리는 그 주장을 문맥 속에서 살펴보아야 한다. 산상수훈에서 예수께서는 다른 사람들의 관계에 참된 영향을 미칠 관계(하나님과의 본질적인 관계)로 사람들을 부르셨다.

간음을 다루는 성경 구절은 그 앞에 있는 구절들과 분리해서는 이해할 수 없다. 예수께서는 심령의 가난함을 깨닫고 자신들의 죄를 슬퍼하고 하나님께 깊이 의지해야 함을 깨달은 자들이 의(義)에 주리고 목마를 것이라고 말씀하심으로써 산상수훈을 시작하셨다. 하나님께서는 그들을 의로 배불리 먹이실 것이며, 그들은 자비로운 마음과 청결한 마음과 화평케 하고자 하는 소망으로써 그것을 나타낼 것이다. 비록 그들이 박해를 받는다 할지라도 그들은 부패하고 암울한 세상에서 소금과 빛이 될 것이다. 의를 구하는 그들의 주림은 바리새인들의 의를 능가해야 하는데, 만일 그들이 하나님께서 외적인 의보다는 내적인 의를 주신다는 사실을 이해한다면, 그렇게 할 수 있을 것이다.

하나님께서 의로 배불리 먹여 주신다는 점을 증명하시기 위하여 그리스도께서는 외적인 것보다 내적인 것이 나음을, 혹은 규칙보다는 인간 관계가 더 중요함을 설명하는 여섯 가지 예화를 제시하셨다.

첫번째 예화는 살인과 분노에 관한 것이었는데, 그분은 살인의 동기가 살인 행위만큼이나 우리를 정죄한다는 사실을 보여 주셨다. 만일 살인이 죽어 마땅한 죄라면, 살인을 하게 하는 분노와 험담하는 행위도 법정에 고발되어야 한다. 다른 말로 한다면, 우리가 분노를 치료한다면 살인은 문제가 되지 않을 것이다. 그리스도는 분노를 해결하는 것이 중요한 이유를 설명하시기 위하여 두 가지 이야기를 사용하셨다. 예물을 바치는 이야기와 법정에 고소당하는 이야기는 인간 관계를 개선하는 것이 반드시 필요하고도 긴박한 것임을 보여 준다. 분노는 깨어진 인간 관계의 징후이지만, 우리의 내적인 의의 결과는 긍정적인 관계여야 한다.

그리스도의 두번째 이야기는 간음과 음욕에 관한 것이었다. 여기서 다시 한번 그분은 의에 주린 사람의 의는 문자 그대로의 율법이 아니라 그 정신을 따르기 때문에 바리새인의 의보다 더 낫다는 사실을 보여 주셨다. 의에 굶주린 사람의 의는 마음에서 시작한다. 그 의는 규칙보다는 관계에 초점을 둔다.

종교 지도자들이 지중해 연안의 어느 호텔에서 여자를 만나 결코 밀회를 즐긴 적이 없었던 이상, 그들은 그리스도께서 "간음하지 말라"는 제 7계명을 되풀이하여 말씀하신 것에 진심으로 동의할 수 있었을 것이다. 그러나 그리스도는 간음을 하지 말라는 차원에서 멈추지 아니하셨다. 그분은 "여자를 보고 음욕을 품는 자마다 마음에 이미 간음하였느니라"(마 5:28)고 말씀하셨다. **간음은 그저 행위 자체가 아니다. 그것은 마음과 관련이 있다.** 예수께서 여자를 보고 음욕을 품는 것에 관하여 말씀하셨을 때, 그분은 단순히 성적(性的) 욕망에 관하여 말씀하신 것이 아니었다. 성적인 욕망은 하나님께서 우리에게 주신 것이며, 성경에서는 그것을 좋은 선물로 묘사하고 있다. 분명히 그 선물은 '취급 주의'라는 딱지가 붙지만, 성적인 욕망은 하나님께서 주신 것이다.

예수께서 "음욕"(lust)이란 말을 사용하셨을 때, 그분은 남녀 간의 성적인 욕망이나 정상적인 끌림을 의미하지 않으셨다. "음욕"이라는 단어는 때때로 "탐욕"(coveting)이라고 번역되는 헬라어와 같은 것이다. 이것은 여자를 소유하거나 그 여자와 부정한 관계를 가질 생각으로 여자에 대해 욕심을 품고 바라보는 것이다. 이것은 의도 있는 시선이다. 다른 말로 한다면 "한번 어떻게 했으면 좋겠다"는 것이다. 단지 관습이나 그 여인의 남편 때문에 혹은 들통날지도 모른다는 두려움 때문에 우리는 그렇게 하지 않을 뿐이다. **음욕의 강조점은 그 의도에 있다. 간음을 하려고 마음 속으로 계획하는 사람은 누구든지 하나님 보시기에 이미 간음한 것이다.**

음욕에 대한 단호한 대처

간음에 관해 설명하신 후 그분은 만일 오른 눈이나 몸의 다른 지체로 죄를 짓는다면, 이 부분들은 당장 수술하여 떼어 버리는 것이 온전한 몸을 가지고 지옥에 던져지는 것보다 나을 것이라고 경고하셨다. 그리스도는 요점을 분명히 하기 위하여 과장법을 사용하셨다. 간음하려는 욕망은 인간 관계를 부패시킨다. 그러므로 우리는 그러한 욕망을 철저하게 다루어야 한다.

몸의 일부를 절단하는 것에 관한 그리스도의 말씀을 문자적으로 해석하는 것은 우스개 소리에 가까운 것이다. 내가 음욕의 문제로 씨름하고 있다고 상상해 보라. 내 오른쪽 눈을 빼내 버리지만, 눈이 하나뿐인 사람이 두 눈을 가진 사람보다 음욕을 덜 품는다는 증거는 전혀 없다. 나는 내 오른손을 잘라내겠지만 한 손뿐인 사람이 양손이 다 있는 사람보다 음욕을 덜 품는다는 것을 증명해 주는 연구 내용은 전혀 없다. 나는 왼쪽 눈마저 빼내 버릴 수 있지만 성적인 상상은 계속해서 마음에 일어날 것이다. 장님이라고 해도 나는 전혀 장애를 받지 않고 음욕을 품을 수 있다. 양팔과 양다리를 절단할 수 있지만, 내 몸통조차도 음욕을 피하지 못할 것이다.

문제는 우리 몸의 지체들이 아니다. 예수께서는 간음도 모든 다른 죄와 마찬가지로 사람들을 지옥에 들어가게 할 정도로 심각하다는 사실을 보여 주시기 위하여 불합리한 표현법을 사용하셨다. 우리는 우리를 지옥으로 이끄는 것을 철저하게 다루어야 한다. 만일 우리가 읽는 잡지나 시청하는 유선 방송이 우리에게 음욕을 품게 한다면, 우리는 잡지 구독 신청이나 유선 방송 시청 신청을 취소해야 한다. 만일 스스로 타협을 하고 있는 자신을 발견한다면, 우리는 보디발의 아내에게서 도망친 요셉처럼 도망쳐야 한다.

음란한 욕망들은 인간 관계를 부패시킨다. 만일 어떤 사람이 친구의 배우자에게 음욕을 품는다면 친구 관계가 깨질 수 있다. 남자가 여자에게 음욕을 품거나 여자가 남자에게 음욕을 품는다면, 일반적으로 음욕의 대상이 된 사람과의 관계는 간음이 일어나든 일어나지 않든 간에 깨질 것이다. **음욕은 마음의 문제이므로 철저하고 신속하게 처리해야 한다. 마음이 깨끗하지 못한 자들은 하나님과 관계를 맺고 싶어하지 않지만, 하나님은 우리와 관계를 유지하길 원하신다.**

18세기 버지니아 주의 농부이자 측량 기사인 윌리엄 버드(William Byrd)는 항상 일기를 썼다. 그는 자신의 음욕과의 싸움을 기록했는데, 그는 음욕을 "불붙기 쉬운 물체"라고 불렀다. 그는 계속해서 그 불에 물을 퍼부었지만 그 음욕의 불은 끊임없이 타올랐다. 그는 일기의 서두에 다음과 같이 썼다.
"기도를 소홀히 하지 말았어야 하는데…남의 아내에게 품은 음욕에 대해 용서를 구해야 했기 때문에 나는 기도할 면목이 없었다…여인을 유혹하려고도 해 보았지만 할 수 없었다. 하나님, 감사합니다."

하나님께 감사하라. 그분은 우리에게 새로운 열망(desires)을 주신다. 우리는 하나님을 열망하고 갈망할 수 있다.

제18장

헌신의 관계

"또 일렀으되 누구든지 아내를 버리거든 이혼 증서를 줄 것이라 하였으나 나는 너희에게 이르노니 누구든지 음행한 연고 없이 아내를 버리면 이는 저로 간음하게 함이요 또 누구든지 버린 여자에게 장가드는 자도 간음함이니라"(마 5:31, 32).

알바레즈(A. Alvarez)는 『결혼 후의 생활』(*Life after Marriage*)이라는 자신의 저서에서 "당신은 애견 소유 면허를 취득하는 것만큼이나 쉽게 이혼할 수 있지만 수치심과 상실감을 떨쳐 버릴 수 없다"고 기술했다.

바리새인들은 온갖 면허들에 관하여 잘 알았지만 헌신과 사랑에 관해서는 별로 아는 바가 없었다. 예수께서는 세번째 예화를 제시함으로써 율법의 문자와 정신에 관한 설명을 계속하셨다. 그분은 살인과 분노, 간음과 음욕에 관하여 설교하신 후 이혼과 이기심에 관하여 말씀하셨다. 신명기 24장 1-5절에서 모세는 이혼법을 설명했다. 본래 남자가 여자에게서 수치스러운 일을 발견한다면 적합한 이혼 증서를 주고 아내와 이혼할 수 있었지만, 만일 그 여자가 두번째 남편에게서도 이혼을 당했다면 그는 그 여자와 재혼할 수 없었다. 여자들은 고대 세계에서 재산과 같은 취급을 받았으므로, 모세는 여자들을 보호하는 수단으로 이혼 증서를 요구하는 율법을 제정했던 것이다. 여자는 말 안장과 별로 다를 바 없는 존재로 생각되었다. 남자가 자기 아내에게 싫증이 나면 쉽게 그 아내를 버릴 수 있었다. 아내의 권리를 보호하기 위하여 모세는 율법에서 세 가지 원리를 제정했다.

첫째로, 남자는 중요한 이유가 있어야만 아내와 이혼할 수 있다.
신명기 24장 1절에서 "수치되는"(indecent)이라는 말은 인간의 배설물에 사용되는 단어였다. 따라서 모세는 "수치되는 일"이란 말을 쓸 때 심각한 문제, 곧 부정(不貞)하거나 부도덕한 것을 의미했다.

둘째로, 남자는 아내에게 기록된 이혼 증서를 주어야 한다.
증인들이 남자의 고소 내용이 심각한 것인지 아닌지 조사할 수 있도록 이 증서를 두 명의 증인 앞에서 주어야 한다고 랍비들은 말했다. 기록된 이혼 증서는 두번째 남편이 될 사람에게 그가 이혼한 여자와 법적으로 정당하게 결혼할 수 있다는 보장을 해 주었다. 이 증서가 없다면 첫째 남편과 둘째 남편 사이에 혈통 싸움이 일어날 수 있었다.

셋째로, 남자는 두 번 이혼한 아내를 다시 받아들일 수 없었다.
결혼은 남자가 자기 아내를 버렸다가 다시 그 아내를 취하는 것을 허락하는 회전문이 아니었다. 결혼은 그렇게 하기에는 너무나도 신성한 것이다. 그러므로 모세는 이혼 금지를 확고하게 하기 위하여 이혼 율법을 세정하였다. 그는 필요가 없는 것을 말한 것이 아니었다. 이혼은 심각하게 다루어야 하고 법적으로 처리해야 하며 가볍게 다루어서는 안 된다고 가르칠 때, 모세는 실제로 결혼의 본래 의도로 되돌아갔던 것이다.

신약 시대에 이르러 신명기 24장의 초점은 여자를 보호하는 것에서 여자와 이혼할 수 있는 온갖 가능한 근거를 찾는 것으로 변하였다. 이것이 바로 율법주의의 결국이다. 율법을 문자 그대로 지키게 하는 것 말이다. 랍비들은 "수치되는"이라는 한 단어에 관심을 집중했다. 그 단어는 광의(廣義)의 의미를 가졌으므로 그들은 의기 양양했다. 한 랍비는 그 단어가 매력이 없어짐을 의미하는 것으로 해석했다. 그럴 경우에, 남편이 아내에게 더 이상 따뜻한 감정을 느끼지 못한다면 이혼할 수 있었다. 랍비 힐렐(Hillel)과 그의 추종자들은 "수치되는 일"이란 아내가 남편의 저녁 식사를 태우거나 남편에 관해 존경하지 않는 말투로 말하는 것을 의미할 수 있다고 주장했다. 다른 학파의 랍비들은 좁은 의미로 그 단어를 해석해서, 도덕적으로 경솔한 행위를 언급하는 것으로 그 단어의 의미를 제한했다. 여자가 머리를 늘어뜨리거나 팔이나 다리를 드러내어 남자를 유혹하는 것과 같은 행위가 여기에 해당되는데, 그 두 가지 행동은 모두 1세기에는 수치스러운 일로 생각되었다.

율법을 문자 그대로 따를 때에 사람들은 항상 빠져나갈 구멍을 찾는다. 예수께서는 1세기의 이 온갖 쓰레기들 속으로 들어오셔서, 형식적인 율법 준수에는 자비나 순결이 없다고 선언하셨다. 남편은 정확하게 이혼법을 따를 수 있을지 모르지만, 아내에게 자비를 베풀지 않음으로써 아내로 부정하고 음란한 생활을 하게 할 수 있었다. 율법의 정신을 이해하려면 우리는 하나님께서 결혼에 대해 본래 의도하신 바를 이해해야 한다. 그리스도는 마태복음 5장에서 이것에 관하여 상세하게 설명하지 않으셨으나 마태복음 19장에서는 상세하게 다루셨다.

이혼에 대한 예수님의 참된 가르침

마태복음 19장에서 바리새인들은 예수님께 "사람이 아무 연고(緣故)를 무론하고 그 아내를 내어버린(이혼하는) 것이 옳으니이까"(3절)라고 물었다. 이것은 함정이 있는 질문이었다. 만일 예수께서 아니라고 대답하시면, 그분은 랍비들의 생각을 반대하는 것이다. 왜냐하면 랍비들은 이혼할 만한 이유들이 몇 가지 있다고 생각했기 때문이다. 만일 예수께서 그렇다고 대답하시면, 그 분은 모든 랍비들을 반대하는 것이다. 왜냐하면 랍비들은 모든 이유가 이혼 사유로 정당하다고 생각하지는 않았기 때문이다.

예수께서는 신명기 24장 대신에 창세기 2장에 있는 말씀을 인용하심으로써 그들의 질문에 대답하셨다. 그분은 결혼은 하나님께서 주관하시는 일이지 법적인 계약이나 서로 사랑해서 하는 결합이 아니라고 말씀하셨다. 사회가 결혼을 고안해 낸 것이 아니라 하나님께로부터 결혼 제도를 받은 것이다. 결혼은 하나님의 사역일 뿐만 아니라 또한 남자와 여자의 결합이다. 결혼은 어려운 시기가 닥치면 쉽게 깨질 수 있는 동업자 의식 같은 것이 아니다. 그것은 머리와 몸통의 결합과 같은 것이다. 바이올린과 활이 하나의 악기인 것처럼, 자물통과 열쇠가 하나의 장치인 것처럼, 손과 팔이 한 몸의 지체인 것처럼 결혼은 역동적이고 총체적인 관계이다. 그러므로 우리는 그것을 깨뜨릴 수 없다. 그것이 하나님이 결혼에 대해 본래 의도하시고 작정하신 바이다. 창세기에 서술된 내용도 바로 그것이다.

바리새인들은 예수께서 창조에 관하여 그리고 결혼의 결합에 관하여 말씀하시는 것을 회피했다. 그들은 신명기 24장에 관하여 이야기하고 싶었으므로 "그러하면 어찌하여 모세는 이혼 증서를 주어서 내어버리라 명하였나이까"(마 19:7)라고 물었다. 모세는 결코 어떠한 것도 명하지 않았다. 다시 말해서 바리새인들이 반대를 위한 반대를 제기했던 것이다. 단지 모세는 재산으로 취급당하는 여자들을 보호하려 한 것이다. 그러나 바리새인들은 남자 본위로 처리할 수 있음을 넌지시 비추었다. 그들은 인간 관계에는 관심이 없고, 율법주의에 사로잡혀 있었다.

예수께서는 그들이 제기한 두번째 질문에 대답하셨으나 그들이 기대하던 대로 대답하시지는 않았다. 모세는 하나님이 이혼을 인정하셨기 때문이 아니라 인간의 완악한 마음 때문에 율법을 제정했다. 포학한 고대 세계에서 하나님은 여자들에게 자비를 베푸셨다. 이혼은 하나님의 원래 계획에 들어 있지 않았다. 그분의 표준은 한 남자가 한 여자와 한평생을 함께 사는 것이었다. 오로지 간음, 곧 성적인 방종만이 두 사람의 결속을 깨뜨릴 수 있다. 만일 한 남자와 한 여자가 한 몸이 되는 관계에 있다면, 둘 중의 한 배우자가 다른 사람과 성관계를 가짐으로써 두 사람의 연합과 하나님의 이상(理想)이 깨어질 것이다. 그러나 만일 혼외 정사와 관계 없이 남자가 아내를 내어버린다면, 그는 재혼할 경우 간음하는 것이며 자기 첫번째 아내로 간음하게 만드는 셈이다. 그러면 여러 사람이 하나님께서 원치 아니하는 관계에 빠질 수밖에 없게 된다. 그리고 온갖 형태의 간음이 행해지는 결과가 초래된다. **간음의 증가를 막는 것이 율법의 정신을 실천하는 것이다. 그것이 바로 인간 마음의 완악함과 하나님이 원래 세우신 결혼 계획에 관한 그리스도의 가르침을 이해하는 것이다.**

결혼 생활의 핵심

그리스도께서는 결혼 생활의 핵심은 사랑이 아니라 헌신이라고 확고하게 말씀하셨다. 성경에서 결혼은 의지가 강한 사람들을 위한 것이다. 제자들은 손을 들어 항복하면서 "만일 사람이 아내에게 이같이 할진대 장가 들지 않는 것이 좋삽나이다"(마 19:10)라고 말함으로써 예수께서 헌신을 강조하신 말씀에 대답하였다. 최소한 제자들은 관계에 강한 관심을 갖는 것이 바로 결혼의 핵심이라는 사실을 깨달았다. 결혼은 사랑이 계속되는 동안만 유지되는 것이 아니라 생명이 계속되는 한 존재한다. 결혼은 배우자에게 한 약속이며 배우자에게서 받은 약속이다. 낭만이 사라졌다는 것은 결혼 생활에서 도망할 이유가 되지 않는다.

세상에 맨처음 이루어진 이혼은 틀림없이 하나님의 마음을 아프게 했을 것이다. 그러나 유감스럽게도 그것은 인간에게는 동일한 효력을 발휘하지 못했다(인간은 거리낌없이 이혼했다). 인간들은 지금까지 수천 년 동안 결혼의 헌신들을 저버렸다. 최근에 여자들은 여성 해방을 위한 가두 행진에 가담했다. 이혼의 결과는 파괴적인 것이었다. 죠 쿠더트(Jo Coudert)가 『실패에서 얻은 교훈』(*Advice From a Failure*)에서 말한 바와 같이 "이혼한 사람은 한쪽 눈에 검은 안대를 한 사람처럼 보인다. 그는 다소 위세 당당하게 보이지만 사실은 불구자가 된 듯한 경험을 했다."

이혼은 심각한 문제이다. 어떤 사람이 말한 것처럼, "그것은 심리학적으로 볼 때 삼중 관상 동맥(심장에 영양을 공급하는 좌우 두 줄기의 동맥)과 같다." 이혼은 펜이 아니라 수술칼과 같은 것이며, 종이 위에 잉크로 쓴 글과 같은 것이 아니라 마음에 새긴 쓰라린 상처와 같은 것이다. 하나님이 가장 관심을 가지시는 것은 마음이다. 비록 이혼이 하나님의 본래 계획을 파괴할지라도 용서받을 수 없는 죄는 아니다. 심령의 가난함과 죄책감을 가지고 우리는 하나님의 은혜와 용서를 갈망해야 한다. 우리는 결혼이라는 유대 관계를 회복시킬 수는 없지만, 하나님과 우리의 연합은 새롭게 할 수 있다.

제19장

맹세가 필요 없는 사람

"또 옛 사람에게 말한 바 헛 맹세를 하지 말고 네 맹세한 것을 주께 지키라 하였다는 것을 너희가 들었으나 나는 너희에게 이르노니 도무지 맹세하지 말지니 하늘로도 말라 이는 하나님의 보좌임이요 땅으로도 말라 이는 하나님의 발등상임이요 예루살렘으로도 말라 이는 큰 임금의 성임이요 네 머리로도 말라 이는 네가 한 터럭도 희고 검게 할 수 없음이라 오직 너희 말은 옳다 옳다, 아니라 아니라 하라 이에서 지나는 것은 악으로 좇아 나느니라"(마 5:33~37).

나는 교칙(校則)이 굉장히 엄격한 남부의 기독교 대학교에 다녔다. 그 학교에 입학하려면 학생들은 모두 교칙을 준수하겠다고 동의해야 했다. 그 학교에서는 카드 놀이를 금했다. 카드 놀이가 죄악된 것이라고 했지만 사실 그 학교가 반대한 것은 포커나 브릿지에 사용되는 카드 한 벌이었다. 그 카드를 사용하는 것은 도박에 탐닉하고 시간 낭비를 하는 것이므로 잘못된 것이었다. 그래서 만일 캠퍼스에서 카드를 사용하다 발각되면 학교 당국은 그들을 퇴학시켰다. 그러나 학생들은 루크(Rook)를 할 수 있었다. 그 게임은 브릿지와 비슷하지만 다른 종류의 카드를 사용하기 때문에 허락되었다. 나와 방을 같이 쓰는 친구는 루크를 너무 지나치게 하여 성적 불량으로 퇴학당할 처지에 있었다. 그러나 만일 그가 브릿지를 한 번이라도 한 적이 있다면 그는 벌써 퇴학당했을 것이다.

그 대학에서 행동의 도덕성이나 정당성은 내적인 가치 기준이 아니라 외적인 가치 기준과 관계가 있었다. 그것은 교칙을 준수하는 것과 관계가 있었다. 사실 학생들은 카드 놀이를 하지 않겠다고 맹세할 수 있었다. 그러나 그들이 에이스나 킹이나 퀸을 가지고 패를 돌리지만 않으면 교칙을 지킨 것이다. 다른 그림이 그려져 있는 카드를 사용하는 것은 문제가 되지 않았다. 비록 그 카드 게임을 하다가 성적 불량으로 학교를 그만둘 수 있을지라도 말이다. 교칙 준수라는 방법으로만 행동의 정당성을 평가할 때 이런 일이 생긴다. 우리는 이 일은 할 수 있고 저 일은 할 수 없다는 식으로 구별을 짓는다. 당신이 카드 놀이를 도덕적인 문제라고 생각하는지의 여부가 초점이 아니다. 당신이 카드 놀이가 도덕적인 문제라고 생각한다면, 당신은 카드 놀이 교칙을 왜곡되게 해석함으로써 그 교칙의 정신을 파괴할 것이다.

하나님께서 주시는 내적인 의(義)의 중요성

산상수훈에서 예수께서는 하나님이 우선적으로 관심을 가지시는 것은 올바른 행동이 아니라 마음의 변화와 올바른 자세라는 사실을 우리가 이해하기를 원하셨다. 그분이 말씀하신 의(義)는 규칙을 지킨다고 생기는 것이 아니다.

하나님의 의는 시각(視角)의 완전한 변화, 곧 내면의 완전한 변화를 요구한다. 그것이 바로 예수께서 소위 "팔복"이라고 하는 말씀으로 산상수훈을 시작하신 이유이다. 그분은 "심령이 가난한 자는 복이 있나니(혹은 인정을 받나니) 천국이 저희 것임이요"라고 말씀하심으로써 시작하셨다. "좋은 식욕이 사람을 건강하게 한다"고 우리가 말하는 것과 같이 예수께서는 "내적 필요에 대한 큰 깨달음이 의를 증진시킨다"고 말씀하셨던 것이다. 그러나 우리는 거기에 그냥 머무를 수 없다. 시장기가 심한 사람은 굶어 죽는다.

그러나 만일 우리가 자신의 필요를 충족시키기 위하여, 곧 의에 대한 굶주림과 목마름을 채우기 위하여 하나님께로 돌아간다면, 우리는 배부를 것이다. 우리는 지켜야 할 새로운 규칙이나 종교적인 규례들로 배부르게 되는 것이 아니라 자비로 풍성하게 채움받는 것이다. 자비를 받았을 때 우리는 자비롭게 된다. 동기에 관심을 가질 때 우리의 마음은 깨끗해지며, 그 청결한 마음으로 하나님을 보게 된다. 그리고 그 청결함으로부터 우리는 화평케 하는 자들이 되며, 그렇게 함으로써 우리는 하늘에 계신 우리 아버지를 닮게 된다.

자비롭고 마음이 깨끗하고 화평케 하는 사람들은 항상 환영을 받을 것이라고 생각할지도 모른다. 그러나 예수께서는 그러한 사람들이 사회와 조화를 이루지 못한다고 말씀하셨다. 복 있는 사람들은 세상의 소금으로써, 사회가 썩지 않도록 한다. 그들은 빛으로서 어두움 속에 빛을 비추며 사람들을 하나님께로 인도한다.

이 모든 것은 산상수훈의 핵심을 강조한다. 예수께서는 완전히 새로운 율법을 주시지는 않았다. 그분은 "구약이 엄격하긴 하지만 그렇게 심한 것은 아니다. 만일 우리가 이 율법과 규례를 한데 모아서 체계적으로 해 놓지 않으면 문제가 생긴다. 그러므로 율법을 더 엄격하게 만들자"라고 말씀하시지 않았다. 그분은 결코 율법을 그런 식으로 대하지 않으셨다. 그분은 하나님이 주시는 내적인 의(義), 곧 정신과 마음을 사로잡아 삶에서 변화를 일으키는 의를 취급하셨다. 그분은 복 있는 사람들이 규칙들을 지키지 않는다고 말씀하신 것이 아니라 율법을 지키는 것이 그들의 초점은 아니라고 말씀하셨던 것이다. 우리는 율법을 지킴으로써 의롭게 되지는 못한다.

단순히 일단의 규례를 지키는 행동과 내면에서 나오는 의(義) 사이에는 천양지차(天壤之差)가 있다. 예수께서는 그 당시 가장 의로운 사람들을 가리켜 "너희는 그보다 더 잘해야 한다"고 말씀하시지 않았는가? 그분이 참으로 말씀하셨던 바는 "너희는 그보다 더 나은 사람들이 되어야 한다. 너희는 그들이 가진 의와는 전혀 다른 종류의 의를 가져야 한다"는 것이다.

바리새인들은 자신들이 임의대로 의를 다룰 수 있다고 생각했다. 그러나 예수께서는 팔복에서 우리가 하나님을 필요로 함을 아는 것이 의(義)의 출발이라고 말씀하셨다. 이러한 심령의 파산을 경험할 때, 우리는 우리 힘으로 가지지 못하는 의를 구하기 위해 그분께로 돌아갈 것이다.

예수께서 요구하신 의는 하나님이 조성하시는 내적인 변화로부터

발전한다. 이 의는 새로운 시발점, 새로운 시작, 인생의 전혀 새로운 방향 제시를 포함한다. 그런 사실을 이해하지 못하면 신약을 이해할 수 없다. 그리고 이러한 사실을 이해하지 못한 채 산상수훈을 대하는 사람들은 그것을 새로운 체계의 율법으로 보려고 할 것이다. 그들은 산상수훈을 그렇게 정의(定義)하여 준수하고 싶어한다.

산상수훈은 삶 속에서 작용하는 내적 의(義)에 관한 말씀이다. 산상수훈은 세상이나 기존의 정치 체계에 적용되는 것이 아니라 하나님이 역사하시는 사람들에게 적용된다. 마태복음 5장 마지막 부분에서 예수께서는 이 율법의 완성을 여섯 가지 분야에 적용하셨다. 살인과 간음과 이혼을 살펴보신 후 그분은 네번째 분야, 곧 맹세를 언급하셨다.

맹세에 대한 예수님의 참된 가르침

예수께서는 이 네번째 예화를 사용하셔서, 의(義)는 규율과 의식(儀式)을 외형적으로 준수하는 것이 아니라 자비롭고 깨끗하고 화평케 하려고 하는 마음의 내적 반응이라는 원리를 다시금 강조하신다. 그분은 바리새인들에게 옛 사람들이 말한 바 "헛 맹세를 하지 말고 네 맹세한 것을 주께 지키라"(마 5:33)는 말씀을 상기시키셨다.

맹세를 지키지 않는 것을 특별히 금하는 구약성경 구절은 없지만 여러 구절들이 맹세에 관하여 말한다. 사람은 하나님의 이름으로 거짓 맹세하거나(레 19:12) 그분의 이름을 망령되이 일컬어서는(출 20:7) 안 되었다. 그러나 경솔한 서원을 예방하는 수단으로서 하나님의 이름으로 맹세할 수 있었다(신 10:20). 구약성경은 맹세가 우리가 말하는 바의 진실성과 중요성을 강조하는 방법이었음을 분명히 했다. 결혼 서약이 남편과 아내가 죽음이 그들을 갈라 놓을 때까지 서로를 사랑하고 존중하고 아끼겠다고 엄숙하게 맹세하는 것임을 의미하는 바와 같이, 서원은 그 결심 내용이나 약속을 부각시켰다. 결혼 서약이 부부가 서로에게 거짓말하지 못하게 막는 효험이 있는 것은 아니다. 그렇다. 하나님 앞에서 서로에게 한 맹세는 그들이 서로에게 약속하는 것의 중요성을 보여 준다. 맹세는 그것이 우리에게 매우 의미 있는 것이라고 말하는 것이다.

히브리서 6장 13-17절에서 히브리서 기자는 하나님이 아브라함에게 하신 맹세를 회상했다. 하나님은 아브라함에게 하신 자신의 축복의 약속이 장차 후손들에게 연장될 것이라는 사실을 확실하게 하기 위하여 자신을 두고 맹세하셨다. 하나님은 거짓말을 하기 때문이 아니라 자신이 땅과 후손에 관하여 하신 약속이 성취될 것이라는 사실을 가능한 가장 엄숙한 방법으로 아브라함에게 보증하기 위하여 맹세하셨다. 그래서 하나님은 맹세하실 때, 자신의 말씀을 강조하셨다. **맹세의 목적은 약속의 엄숙함과 중요성을 강조하기 위한 것이었다.**

맹세에는 두 종류가 있었다. 단정적인 맹세는 "내가 그것을 했다" 또는 "내가 그것을 하지 않았다"고 말하는 것이었고, 약속의 맹세는 "당신은 나를 믿어도 좋다. 나는 내 말을 당신에게 이행할 것이다"라고 말하는 것이다. 구약에서 맹세는 사람들이 서로에게 한 말에 대하여 가장 엄숙한 확신을 드러내는 것이었다. 맹세는 강한 신뢰를 강조하기 위하여 사용되었다.

신약 시대에 이르러 율법주의자들은 맹세에서 "여호와의 이름"에 초점을 맞추었다. 종교 지도자들은 신뢰가 아니라 하나님의 성호(이름)에 관심을 기울였다. 그러므로 사실성을 강조하기 위하여 말한 맹세는 사실성을 손상시키기는 결과를 낳았다. 그들은 어떤 사실이 틀림없음을 나타내는 유일한 방법은 맹세라고 말하게 되었다. 그런 다음 그들은 한 걸음 더 나아가서 "그러나 모든 맹세가 중요한 것은 아니다"라고 결론지었다. 다시 말해서 오로지 하나님의 성호로 하는 맹세, 오로지 가슴에 십자가를 그으며 하나님께 맹세하고, 죽어도 좋다고 하는 맹세만이 중요한 것이라고 결정했던 것이다. 바로 이러한 맹세들이 참으로 중요한 것들이다. 결과적으로, 그 문화 전체는 멋진 맹세를 남발하는 거짓말장이들의 사회가 되었다. 맹세 하에서 거짓말하는 것이 멋진 기술이 되었다.

유대인의 율법 주석 미쉬나(Mishina)에는 맹세와 서원에 관한 부분들이 있는데, 미쉬나는 미래에 대한 단정적인 서술과 약속 둘 다를 설명하며 지킬 것과 지키지 말아야 할 것을 제시한다. 바리새인들은 맹세에서 전치사에 중점을 두었다. 만일 그들이 예루살렘을 "향하여"(toward) 맹세했다면, 그 맹세는 중요하지 않았다. 예수께서는 그러한 모든 소행을 비웃으셨다. 마태복음 23장 16-22절에서 그분은 그들의 모든 맹세를 비웃으셨다. 즉, 성전이 아니라 성전의 금으로 맹세하는 것과 제단이 아니라 제단 위의 제물로 맹세하는 것과 하나님의 보좌가 아니라 하늘로 맹세하는 것을 비웃으셨다.

사소한 일을 문제삼는 이들 바리새인들은 오늘날 브릿지는 죄된 것이지만 루크는 괜찮다는 논리를 펴는 사람들과 동일한 범주에 속하는 자들이었다. 그들의 구별은 대단히 우스꽝스러운 것이다. 만일 분노가 살인의 실제 문제이고 음욕은 간음의 실제 문제, 이기심은 이혼의 실제 문제라면, 기만이 맹세의 실제 문제이다. 예수께서는 바리새인들의 잘못된 자세에 대해 **두 가지** 방법으로 대응하셨다.

첫째로, 예수께서는 맹세를 성경적으로 취급하셨다.
하나님이나 거룩한 것으로 맹세하지 않는 이상 맹세를 지킬 필요가 없다고 말하는 사람들에게, 그분은 "그것은 우스꽝스럽고 비성경적이고 비논리적이다"라고 말씀하셨다. 만일 어떤 사람이 하늘이나 땅이나 예루살렘 성으로 맹세한다면, 그들은 하나님으로 맹세한 것과 같다. 하늘은 하나님의 보좌이며(시 123:1), 땅은 그분의 발등상이며(사 66:1), 예루살렘은 여호와의 성(사 60:14)이라고 구약성경에 기록되어 있다.

바리새인들은 지형(地形) 뿐만 아니라 자신의 머리와 심지어 자신의 수염으로도 맹세했다. 그와 같은 맹세는 중요하지 않았다. 하나님은 인간의 창조주이시므로 모든 맹세는 하나님과 관련되었다. 다른 말로 하면, 우리는 어떤 것으로 맹세하든 하나님을 배제할 수 없다. 우리가 걸고 맹세하는 모든 것은 하나님과 관계되어 있다. 그분의 성호 뿐만 아니라 우주 만물이 다 하나님의 것이기 때문이다.

둘째로, 예수께서는 맹세보다 신실성이 문제임을 보여 주셨다.
두번째로 그분이 말씀하신 것은 더 충격을 주는 것이었다. 바리새인들은 그들의 맹세에서 하나님을 배제한 상태로 맹세할 수 없었으므로, 우리는 예수께서 그들에게 자신들의 맹세를 지키라고 경고하실 것이라고 생각한다. 그러나 그분은 그렇게 하지 않으셨다. 오히려 그분은 그들에게 전혀 맹세하지 말라고 가르치셨다. 마태복음 5장 37절에서 그분은 그들에게 "너희 말은 옳다 옳다, 아니라 아니라 하라"고 말씀하셨다. 그 외에 모든 것은 악에서 나온다.

진실을 말한다는 것을 보증하기 위해 맹세를 사용하는 세상에서 우리는 결코 맹세에 의존하지 않는 내적인 진실성을 가질 필요가 있다. 우리가 "예"라고 말할 때 그것은 '예'이고, 우리가 "아니다"라고 할 때 그것은 '아닌' 것이다. 맹세를 하든 하지 않든지 간에 다른 사람들은 우리의 말을 믿을 수 있다. 신실한 사람들은 그들이 맹세를 하든 않든 간에 신실할 것이다. 그러므로 우리는 "이제 나는 진실을 말하겠다"는 표시로 맹세하지는 말아야 한다.

진실을 말하기 어려운 사회는 글로 된 계약서를 작성하고 "당신은 온전한 진실과 사실만을 말하겠다고 맹세하겠는가?"라고 물음으로써 맹세를 하라고 요구한다. 그러나 계약서와 맹세는 진리를 보증하지 못한다. 사람들은 공식 계약서나 서약에도 불구하고 거짓말을 할 것이다.

예수께서는 규율 또는 해야 하는 맹세나 하지 말아야 할 맹세, 맹세를 하는 방법, 하나님께 맹세를 하거나 증언할 때 성경에 손을 얹는 것에 관하여 말씀하시지는 않았다. 우리가 신실한 사람들이라면 그 신실함을 증명하려고 맹세를 할 필요가 없다. 단순히 "예" 또는 "아니오"라고 하는 것 외의 모든 것은 사람들을 부추겨 속이도록 만드는 악한 자에게서 나온다.

예수께서는 전혀 맹세하지 말라고 말씀하셨기 때문에 퀘이커 교도들은 법정에서 증인 선서를 하지 말아야 한다고 믿는다. 그래서 정부는 그들이 선서 없이 증언하는 것을 허락한다. 그들은 선한 동기로, 순수한 이유로 그렇게 하지만 증언하는 것도 맹세하는 것과 별로 다를 바가 없다. 이것은 사소한 문제를 따지는 오랜 율법주의와 동일한 것이다.

예수께서는 맹세하는 것을 금하지 않으셨다. 대제사장이 예수님으로 맹세하게 했을 때, 그분은 그의 말을 막지 않으셨다(마

26:63,64). 바울은 자신이 말한 바의 중요성을 강조하기 위하여 두 번 맹세했다(갈 1:20 / 고후 1:23).

예수께서는 우리가 맹세를 해야 할지 말아야 할지를 말씀하시지 않았다. 그분은 우리가 신실한지 아닌지에 관하여 말씀하셨다. 만일 계약을 맺을 때 계약서에 빠져나갈 구멍을 만들기 위해 많은 돈을 주고 변호사를 고용한다면, 우리는 신실하지 못한 사람들이다. 두 사람 사이에 명확한 이해가 있다면 계약서는 문제되지 않는다. 우리 사회에서는 계약서에 서명을 해야 한다. 또 작은 글자로 인쇄된 약관을 자세하게 읽는 것이 좋을 것이다. 사람들이 자기에게 유리하게 계약서를 쓰기 때문이다. 그러나 복 있는 사람들은 그렇지 않다. 우리는 그런 일을 할 수 없다. 우리가 약속을 할 때 그 약속은 우리가 마땅히 지켜야 할 바이다.

우리는 맹세를 하기 때문에 진실한 것이 아니라 우리 자신이 신실하기 때문에 진실을 말한다. 우리의 "예"는 '예'이며 "아니오"는 '아니오'이다. 계약서에서 약속을 깨뜨리기 위한, 표현이 부정확한 단서를 찾기 시작할 때, 우리는 바리새인들과 같은 사람들이 된다. 거기에는 사악함이 존재하며, 그것은 그 악한 자(사단)에게서 비롯된다. 소금과 빛으로서 우리는 다음과 같이 말한다.
"나는 계약서의 내용을 압니다. 그리고 계약 내용에서 빠져나갈 구멍이 있다는 것도 압니다. 그러나 나는 당신에게 약속을 지키겠습니다. 당신은 내 약속을 믿으실 수 있습니다."
그럴 때 우리는 어둠을 밝히는 빛이다. 우리가 한 약속을 지킬 때 우리는 하나님을 닮는다.

구속 영장에 잘못된 날짜를 적어 넣었기 때문에 살인 혐의가 있는 사람이 무죄로 풀려날 때, 사회는 무엇인가 심하게 잘못되어 있는 것이다. 사람들이 꾀를 써서 빠져나올 때 무엇인가가 잘못된 것이다. 그러나 우리는 꾀에 의존하지 않는다. 우리는 신실성에 의존한다. 우리는 우리가 말하는 바를 그 의미대로 말한다. 그리고 우리가 의미하는 바를 말하려고 노력한다. 예수께서는 우리에게 성실을 요구하신다. 우리는 온전한 진실, 어떤 맹세와 증언도 필요 없는 진실만을 말한다. 그러므로 하나님이여 우리를 도와주소서!

제20장

하나님의 은혜로 대함

"또 눈은 눈으로, 이는 이로 갚으라 하였다는 것을 너희가 들었으나 나는 너희에게 이르노니 악한 자를 대적지 말라 누구든지 네 오른편 뺨을 치거든 왼편도 돌려대며 또 너를 송사하여 속옷을 가지고자 하는 자에게 겉옷까지도 가지게 하며 또 누구든지 너로 억지로 오 리를 가게 하거든 그 사람과 십 리를 동행하고 네게 구하는 자에게 주며 네게 꾸고자 하는 자에게 거절하지 말라"(마 5:38~42).

1932년에서 1953년까지 통치한 사우디아라비아의 왕 이븐 사우드(Ibn Saud)에게 한번은 어떤 여자가 찾아와서 자기 남편을 살해한 자를 죽여 달라고 요청했다. 그 남자는 대추야자 나무에 올라가 열매를 따다가 실수로 그 여인의 남편 위에 떨어져 그에게 치명적인 상처를 입혀 죽게 했던 것이다. 왕은 그 여인에게 자신의 권리를 요구하지 말라고 설득했지만, 그 여인은 계속 권리를 주장했다. 결국 왕은 이렇게 말했다.
"이 사람의 목숨을 요구하는 것은 너의 권리이지만, 그를 죽이는 방법을 포고하는 것은 나의 권리이다. 너는 즉시 이 사람을 데리고 가서 대추야자나무 밑에 묶으라. 그런 다음 그 나무 위로 올라가서 꼭대기에서 네 몸을 그 사람 위로 던지라. 그렇게 하면 너는 그가 네 남편의 목숨을 빼앗은 것과 같이 그의 생명을 빼앗을 수 있을 것이다."
그 여인은 율법을 문자 그대로 따라서 자신의 권리를 요구할 때 자신의 생명도 위험하다는 사실을 깨닫고 재빨리 마음을 바꾸었다.

우리 자신의 권리를 요구하는 과정에서 참 생명이 위해(危害)를 받을 때가 종종 있다. 의(義)에 주리고 목마른 자들에게 주어지는 참 생명 말이다. 그것은 하나님과의 관계에서 나오는 지극히 복 있는 생명이며, 그 생명이 있을 때 다른 사람들과의 새로운 관계가 생겨난다. 그것은 온유함과 자비와 깨끗한 마음으로부터 생겨나는 관계이다. 그것은 화평케 하는 일을 추구하는 관계이다.

그와 같은 삶을 살 때 우리는 핍박받을 것을 예상할 수 있다. 사람들은 우리를 모욕하고 우리를 거스려 악한 말을 하고 우리를 멸시할 것이다. 우리는 새 목표를 향하여 일방 통행로의 반대 방향으로 갈 것이다. 그러면 교통 신호등이 무시될 테고, 그것이 사람들을 괴롭힐 것이다.

　우리는 의롭게 되기 위해서 율법을 지키는 것이 아니라 내적인 의(義)를 추구한다. 또 율법을 형식적으로 준수하는 것이 아니라 율법의 정신에 대해 마음으로 반응을 한다. 그렇게 사는 사람들은 이 땅의 소금이요 세상의 빛이다. 그리고 그들의 빛은 다른 사람들을 하나님께로 인도한다. 만일 우리에게 그런 종류의 의가 없다면 천국에 들어갈 희망이 없다. 우리의 의가 서기관과 바리새인의 의보다 더 나아야 하기 때문이다.
　예수께서는 그분의 의는 율법을 지키는 것과 아무 상관이 없다고 말씀하셨다. 즉, 그분의 의는 관계와 관련된 것이다. 그리고 하나님과의 올바른 관계는 우리가 사람들과 관계를 맺는 방식으로 나타난다.

　모든 훌륭한 설교자들과 마찬가지로 예수께서는 자신의 요점을 분명하게 가르쳐 주시기 위하여 예화들을 사용하셨다. 그분은 자신이 말씀하시는 의가 율법을 지키는 것과는 아무 상관이 없음을 보여 주시기 위하여 여섯 가지 예화를 들어 설명하셨다.

　첫번째 예화에서 그분은 살인하지 말라는 율법에 중심을 두셨다. 그분은 우리의 관심을 살인하느냐 하지 않느냐(여기에서 율법이 시작된다) 하는 것에 두어서는 안 된다고 말씀하셨다. 우리의 관심은 관계에 대한 것이어야 한다. 즉, 우리는 관계를 지켜야 하고 우리와 다른 사람들 사이에 다른 어떤 것도 들어오지 못하도록 해야 한다.

　두번째 예화는 간음에 관한 것이었다. 우리는 간음하지 말라는 율법을 지킬 수 있지만, 예수께서는 우리 마음 속에 있는 음욕이 진짜 문제라고 말씀하셨다. 우리는 다른 사람과의 관계나 다른 사람의 아내(혹은 남편)와의 관계를 타락하게 만드는 것은 무엇이든지 철저하게 다루어야 한다.

세번째 예화에서 그분은 이혼에 관하여 말씀하셨다. 그분은 우리가 매우 엄격한 이혼 율법으로도 그 문제를 해결하지 못한다고 말씀하셨다. 이혼 율법은 사람들을 무장(武裝) 휴전 상태에서 함께 살 수밖에 없도록 만들 뿐이다. 이혼의 문제를 해결하려면, 우리는 하나님이 결혼 제도를 제정하신 본의(本意)를 되새겨 보아야 한다. 곧, 결혼은 부부가 한 몸이 되어 육체적 결합처럼 역동적인 영적 결합을 이루도록 하기 위한 것이다. 우리가 그것에 초점을 맞출 때 이혼에 관한 율법은 하찮은 것이 된다. 이혼 율법은 다시 언급되지 않을 것이다.

네번째 예화에서 예수께서는 맹세에 관해 말씀하셨다. 그분은 "맹세하지 말라"고 말씀하셨지만 "법정에서 맹세하지 말라"고 말씀하시지는 않았다. 그리스도인들에게 맹세는 불필요한 것이 되어야 한다. 우리가 말하는 "예"는 '예'를 의미하며 "아니오"는 '아니오'를 의미한다. 맹세를 한다고 해서 우리가 더 진실해지지는 않을 것이다. 성경 위에 손을 얹고 맹세하고, 다른 사람에게 하나님께 맹세하도록 한다고 해서 우리가 단순히 "예" 또는 "아니오"라고 말할 때보다 더 신실한 사람이 되지는 않을 것이다. 맹세가 우리를 진실하게 만들지는 못한다. 우리는 진리의 영으로 진실하게 된다.

보복의 율법

다섯번째 예화에서 예수께서는 보복의 율법을 다루셨다.
"또 눈은 눈으로, 이는 이로 갚으라 하였다는 것을 너희가 들었으나"(마 5:38).

구약성경에서는 이 율법의 원리를 최소한 세 번 반복하는데, 출애굽기 21장 24절과 레위기 4장 20절, 그리고 신명기 19장 16-21절이 그 구절들이다. 이중에서 우리가 고찰해야 할 가장 중요한 구절은 신명기 말씀이다.

어떤 사람들은 구약 율법이 야만적이고 잔인하다고 말하지만 그렇지 않다. 사실 구약 율법은 자비의 시작이었다. 그리고 그것은 모든 문명의 근본적인 법이다.

구약 율법은 보복을 인정하긴 하지만 제한 규정을 두어 규제하고 있다. 만일 어떤 사람이 내 이를 부러뜨리면 나는 그의 이를 부러뜨린다. 그리고 내가 그의 눈을 뽑으면 그는 내 눈을 뽑는다. 우리가 아는 바와 같이, 보복은 그 이상의 것을 얻으려고 한다. 우리는 그 이상의 보상을 받고 싶어한다. 그러나 구약 율법은 보복을 제한했다. 사람들은 잃어버린 것만을 되돌려받을 수 있었다.

이러한 관대한 규정에 더하여, 이 율법은 피해자에게만 보복의 권리를 제한했다. 그의 가족 전체가 보복하는 것을 허락하지 않았다. 부당한 일을 당했을 때 우리는 복수하기 위하여 가족과 친구들의 힘을 이용하는 경향이 있다. 만일 어떤 사람이 내 귀를 자르면, 나는 그의 머리를 잘라 버리고 싶어한다. 그리고 내가 그의 머리를 자르면 그의 형제는 나를 죽일 것이고, 그가 나를 죽이면 내 형제가 그의 형제를 죽일 것이고, 그렇게 해서 우리는 가족 전쟁을 하게 된다.

보복의 법이 없다면, 보복은 개인으로부터 가족에게, 종족에게, 부족에게, 결국에는 전체 국가에게 가해질 것이다. 그러므로 어떤 사람이 보기에 잔인한 법같이 보이는 것이 실제로는 폭력과 피흘림을 제한하는 규정이었다.

구약 율법에서 보복은 개인적인 결정도 아니었고, 한 개인이 다른 개인에게 요구할 수 있는 것도 아니었다. 그것은 법정에서 재판관이 결정하는 공의의 원리였다.

그러나 공평의 원리로 제시되는 것이 때때로 보복을 규정하는 율법으로 왜곡된다. 만일 어떤 사람이 내 이를 부러뜨렸는데 내가 그 율법을 안다면, 나는 그의 이를 부러뜨릴 권리가 있고 한 걸음 더 나가서 그렇게 할 의무까지도 있다고 생각할 것이다.

이스라엘에서 이 율법이 발효되었을 때, 그것이 문자 그대로 적용되는 일은 있다 하더라도 아주 드물었다. 만일 내가 어떤 사람의 이를 부러뜨렸을 때 그것에 대한 보상으로 내 이를 뽑아낸다면 무슨 유익이 있는가? 두 사람 모두 그렇게 해서 이를 하나 잃게 될 뿐이다. 그래서 법정에서 재판관은 이 하나는 밀 2,000말에 해당된다고 판결한다. 혹은 어떤 사람이 내 눈을 하나 뽑았을 경우 재판관은 내가 황소 네 마리와 암소 세 마리, 어린 양 두 마리, 그리고 이듬해 수확할 곡물로 배상을 받아야 한다고 판결할 것이다. 재판관은 이 하나와 눈 하나의 값어치를 결정하려고 애쓴다.

우리는 현대 법정에서 이 원리를 이용한다. 내가 상처입은 다리에 대한 손해 배상을 청구하면, 법정은 내 손실의 가치를 결정하고 피의자에게 그 값을 지불하게 한다. 그러나 우리 문화에서는 손해 배상액을 결정하는 법을 넘어선 법이 있다. 우리는 정신적 고통, 불편함, 당황함에 대한 손해 배상 요구를 한다. 이러한 법들은 보복 이상의 것을 허용한다.

"그가 내 이를 부러뜨렸으니 25배로 갚아야 할 것이다."

변호사들은 우리가 사고로 상처를 입었을 때 그들에게 연락하라고 권하면서 가해자가 우리의 모든 슬픔에 대한 보상을 해야 한다고 말한다. 그러므로 우리는 보상받는 권리를 복수하는 식으로 사용한다. 우리는 앙갚음만 가지고는 만족해 하지 않는다. 우리는 더 나아가기를 원한다.

보복에 대한 예수님의 참된 가르침

예수께서 "악한 자를 대적지 말라"고 말씀하셨을 때, 그분은 우리에게 일어난 일에 대하여 대처하는 정당한 방법에 관하여 말씀하셨다.

예수께서 "악한 자를 대적하지 말라"고 말씀하셨을 때, 그분은 "고소하지 말라"는 의미로 말씀하셨다. 당신의 권리를 행사하기 위하여 다른 사람을 법정에 고소하려고 하지 말라. 그것은 보복의 법에 반대된다. 예수께서는 신명기 19장 18절을 인용하셨는데, 이 구절은 사람들에게 보복할 권리를 주며 위증자로 그가 그들에게 행한 바를 갚게 하는 권리를 주었다. 그분은 우리에게 그 권리를 포기하라고 말씀하심으로써 그 율법에 반대하셨다. 우리는 복수하지 말아야 하며, 악한 자를 고소하고 보복의 법을 그에게 적용하지 말아야 한다. 우리는 자신의 권리를 주장할 것이 아니라, 하나님께서 우리에게 보여 주신 것과 같은 관대함으로 다른 사람들을 대하여야 한다.

그 원리를 똑똑히 이해시키기 위하여 예수께서는 **네 가지** 예화를 말씀하셨다.

첫번째 예화에서 예수께서는 만일 어떤 사람이 우리의 오른편 뺨을 때린다면 왼편 뺨도 돌려 대라고 가르치셨다. 이 세상의 약 90퍼센트의 사람들이 오른손잡이이다. 만일 우리가 오른손으로 누군가를 때린다면 그 사람은 왼편 뺨을 맞게 될 것이다. 만일 오른편 주먹으로 오른쪽 뺨을 때리려고 하면 우리는 상대방을 때리지 못할 것이다. 아니, 때릴 수가 없을 것이다. 만일 그의 오른편 뺨을 때리려고 한다면 나는 내 손등으로 그렇게 할 수 있겠지만, 이스라엘에서 손등으로 때리는 것은 모욕적인 행동이었다. 상대방의 오른편 뺨을 때리는 것 혹은 손등으로 상대방을 때리는 것은 그에게 상처를 입히는 것보다 더 나쁜 것이다. 모욕은 상처보다 더 나쁜 것이다. 만일 한 남자가 어떤 사람의 입을 때리지 않고 손등으로 그를 때린다면 맞은 사람은 두 배로 손해 배상금을 받을 수 있었다. 그것은 모욕이자 치욕으로 간주되었다. 우리는 오늘날 유사한 완곡 어법을 사용한다. 아일랜드인들은 종종 "너는 쓰레기야"라는 의미로 "네게 내 손등을"이라고 말한다.

어떤 사람이 나를 모욕하거나 헐뜯거나 내 뺨을 때린다고 할지라도 예수께서는 보복하지 말라고 말씀하셨다. 우리는 그를 고소할 권리가 있지만, 그렇게 하지 말아야 한다. 우리는 다른 뺨을 돌려 대야 한다.

만일 그가 한 번 우리를 모욕한다면, 그는 다시 우리를 모욕할 수 있다. 만일 그가 친구들 앞에서 우리를 바보 취급한다면, 우리는 그가 또 그렇게 하도록 내버려두어야 한다. 우리는 보복할 수 있는 권리를 포기해야 한다. 다시 말해서, 우리는 너그러운 마음을 가져야 한다.

요한복음 18장 22, 23절에서 예수께서는 친히 자신의 말씀대로 하셨다. 그분이 대제사장 앞에 섰을 때 무리 중 어떤 사람이 그분을 쳤다. 이때 예수께서는 "다른 뺨도 때리라"고 말씀하시지 않았다. 그분은 "내가 말을 잘못하였으면 그 잘못한 것을 증거하라 잘하였으며 네가 어찌하여 나를 치느냐"(23절)고 말씀하셨다.

이것은 예수께서 다른 사람이 오른편 뺨을 치거든 문자 그대로 왼편 뺨을 돌려 대라고 말씀하신 것이 아니라는 사실을 보여 준다. 그분은 지하철에서 등 뒤에서 습격하는 강도에 대해서가 아니라 모욕에 대해서 말씀하셨다. 어떤 사람이 우리에게 모욕을 퍼부을 때 우리는 은혜롭게 대응해야 한다.

두번째 예화에서 예수께서는 불의(不義)에 관하여 말씀하셨다. 그분은 "또 너를 송사하여 속옷을 가지고자 하는 자에게 겉옷까지도 가지게 하며"(마 5:40)라고 말씀하셨다. 속옷(the tunic)은 근동 사람이 안쪽에 입는 옷이었다. 그 옷은 몸에 꼭 끼는 짧은 옷으로서 예복처럼 입었다. 겉옷은 털실로 짠 담요 같은 옷으로 외투처럼 입었다. 겉옷은 율법의 보호를 받았다. 출애굽기 22장 26, 27절은 만일 어떤 사람이 사업 거래에서 상대방의 외투를 저당잡는다면, 밤이 되기 전에 그것을 돌려주어야 했다. 외투는 겨울에는 담요로 사용하고 여름에는 베개로 사용했기 때문이다. 그 사람은 밤에 외투가 필요했던 것이다.

그러나 속옷에 대해서는 그 율법이 적용되지 않았다. 사람의 속옷은 송사에서 저당물로 잡아도 괜찮은 것이었다. 외투를 잡기 위해 소송을 하는 것은 그 외투의 가치보다도 더 큰 문제를 일으켰다. 겨울이 오면 외투를 아침마다 빼앗았다가 밤마다 돌려주어야 했으므로 자신의 시간을 모조리 그 일에 써야 했다. 그러나 속옷은 별개의 문제였다. 그래서 사람들은 자주 속옷을 저당물로 잡았다.

그러나 예수께서는 외투에 대한 권리조차 포기하라고 말씀하셨다. 비록 외투가 율법의 보호를 받았지만, 우리는 분쟁을 해결하기 위해 그것을 포기해야 한다. 우리는 "만일 당신이 내게 화가 났고 내 속옷으로 기꺼워할 수 있다면 속옷은 당신 것이다. 그리고 내 겉옷도 가져가라"는 자세를 가져야 한다. 그것이 바로 관대한 마음이다.

 내가 맡고 있는 신학교는, 일정한 보수를 받고 일을 하기로 약속한 어느 회사와 거래를 했다. 나중에 두 가지 일이 일어났는데, 하나는 그들이 일을 잘하지 못한 것이고 또 하나는 그들이 우리가 합의를 본 금액보다도 80만원 정도를 더 청구한 것이다.

 나는 학교 담당자들과 함께 그 회사가 그런 금액을 청구할 권리가 있는가를 알아 보려고 조사했는데, 그들에게는 그럴 권리가 없었다. 그래서 우리는 비록 그들이 일을 잘하지는 못했지만 우리가 합의했던 금액의 수표를 보냈다. 그들은 우리에게 추가로 80만 원을 더 청구하는 답신을 보내왔다. 그러나 나는 내가 그 돈을 지불하지 말아야 할 권리가 있음을 알았다. 나는 소송을 제기하려고 했다. 나는 소송할 준비를 완벽하게 갖추었다. 물론 그것은 돈에 관한 것이 아니라 원칙에 관한 것이었다. 보통은 원칙이 곧 돈이다. 이 경우에는 둘 다 모두 관련되어 있었다.
 나는 이용당하고 싶지 않았다. 그러나 우리 측의 다른 사람들은 관용을 베풀어 돈을 그 회사에 보내 주라고 내게 충고했다. 그들은 "자신은 그 돈을 받을 만한 일을 했다고 믿는 그 사람이 당신이 하는 말을 어떻게 받아들이겠는가? 당신이 무슨 말을 하든지 그가 그 말을 믿겠는가?"라고 질문을 던짐으로써 나를 위하는 입장에서 상황을 바라보았다. 그래서 우리는 그들에게 80만 원을 다시 더 보내 주었다. 나는 내 권리를 완전히 포기했다. 재미있게도, 약 9개월 후 그들은 우리가 과불했던 금액 상당의 수표를 학교로 다시 보내왔다.

 세번째 예화에서 예수께서는 의무와 강제 노역에 관하여 말씀하셨다.

"또 누구든지 너로 억지로 오 리를 가게 하거든 그 사람과 십 리를 동행하고"(마 5:41).
이것 또한 율법의 문제였다. 페르시아인들은 우편물을 배달할 때 먼 거리를 도보로 여행했다. 그래서 우편 집배원은 페르시아 시민들에게 우편물을 약 1.6km 정도 우송하게 하는 것이 허용되었다. 로마인들은 그런 생각을 좋게 여겨 그 방식을 채택했다. 로마 병사나 장교는 로마 시민 또는 로마의 보호 하에 살고 있는 거주민을 강제로 징발해 자신의 짐을 1.6km 정도 나르게 할 수 있었다.

이 구절에서 "억지로 ~ 하게 하다"(force)로 번역된 단어는 성경 다른 곳에서 단 한번 사용되었다. 예수께서 십자가를 지고 가시다가 쓰러지셨을 때, 성경 기자는 이렇게 기록하고 있다.
"나가다가 시몬이란 구레네 사람을 만나매 그를 억지로 같이 가게 하여 예수의 십자가를 지웠더라"(마 27:32).
로마인들은 그에게 십자가를 지게 할 법적 권리가 있었다.
로마 군대는 자주 그와 같은 특권을 행사했다. 만일 로마 병사가 자기 짐을 지고 가다가 지치면, 그는 누구에게든지 "이봐, 자네가 이 짐을 지게"라고 말할 수 있었다. 그러면 그 사람은 하던 일을 멈추고 짐을 날라야 했다. 그는 "약속을 하지요. 내일 여기서 당신을 만나면 그때 짐을 나르겠습니다"라고 말하지 못했다. 그것은 강제 노역이었으나 또한 의무였다. 유대인들은 이 일을 매우 싫어했다. 그리고 그들은 자신들에게 짐을 나르게 하는 로마인들을 미워했다.

유대인들은 이 일에 관한 율법을 문자 그대로 지켰다. 그들은 보폭으로 그 거리를 재었다. 정확히 천 발짝이었다. 그리고 그들은 한 걸음 한 걸음을 세었다. 그들은 천 걸음을 다 걸으면 멈추어서 그 짐을 내려놓고, 그 로마인이 자기 짐을 나르도록 내버려두거나 그의 짐을 질 다른 희생자를 찾았다.

그러나 그때에 예수께서는 한 걸음 더 나아가서 남은 거리마저도 그 짐을 날라다 주라고 말씀하셨다. 그리고 관대함으로, "나는 발걸음을 세지 않겠다"고 말하는 정신으로 그 일을 하라고 말씀하셨다. 그들은 자신들의 권리를 포기해야 했다.

다른 말로 하면, 처음 1.6km는 가이사를 위하여 하지만, 우리가 친절과 관대함으로 1.6km를 더 갈 때 우리는 하나님을 위하여 그 의무를 행하는 것이다. 그러므로 나는 "억지로 내 의무를 하지는 않겠다. 나는 강제 노역을 하면서 화를 내지 않겠다. 나는 관대한 마음으로 그 일을 하겠다"라고 말한다. 그것은 우리가 의무를 행할 때 취해야 할 자세, 곧 그리스도의 제자로서 살 때 갖추어야 할 모습이다.

네번째 예화는 도움을 청하는 것과 관계가 있다. 그것은 도덕적인 것을 다룬다. 예수께서는 이렇게 말씀하셨다.
"네게 구하는 자에게 주며 네게 꾸고자 하는 자에게 거절하지 말라"(마 5:42).
이것은 차용법과 관계가 있으며, 이 율법노 구약싱경에서 나왔다. 신명기 15장 7-11절이 지적하는 바와 같이 빚은 칠 년마다 면제되었다. 채무자들은 그 법을 좋아했다. 그러나 채권자들은 그리 좋아하지 않았다.

만일 내가 채권자이고 어떤 사람이 제 6년에 돈을 빌리러 왔다면, 나는 그에게 빌려주기 전에 다시 한번 더 생각할 것이다. 만일 그가 빚을 빨리 갚지 않는다면, 그 빚은 기부금으로 변해 버릴 것이다. 제 7년이 가까워오면 가까워올수록 부자들은 더욱 더 인색해졌다. 그러나 예수께서는 제 7년이라는 것에 얽매이지 않도록 하라고 말씀하셨다. 형제가 궁핍할 때는 언제든지 그들에게 관대하게, 아끼지 말고 주어야 했다. 즉, 그들은 집을 개축(改築)할 빚을 구한 것이 아니라 식량을 살 돈이 필요했다.

예수께서는 손을 내밀어 구걸하는 거지에 관하여 말씀하시지 않았으며, 모험적인 사업을 하려는 자에게 돈을 빌려주는 것에 관해 말씀하신 것도 분명 아니다. 즉, 고대 세계의 사람들은 그와 같은 일을 하지 않았다. 그분은 궁핍한 자들에 관하여 말씀하셨다. 우리가 유일하게 고려해야 할 문제는 우리가 도울 수 있느냐 하는 것이어야 한다. 만일 그렇다면, 우리는 되돌려받을 생각을 하지 말고 관대하게 주어야 한다.

이 예화들 하나하나에 들어 있는 주된 원리는 우리가 우리 자신의 권리를 요구하지 말아야 한다는 것이다. 모욕을 당했을 때 우리는 보복할 권리가 있지만 그 권리를 행사하지 말아야 한다. 만일 우리가 부당한 대우를 받는다면 우리는 당연히 소유해야 할 것을 요구할 권리가 있다. 그러나 우리는 그 권리를 포기해야 한다. 만일 우리가 어떤 일을 강요당한다면 그것을 거부할 권리가 우리에게 있지만, 우리는 그 권리를 주장하지 말아야 한다. 어떤 사람이 궁핍할 때, 우리는 우리 돈에 대한 권리가 있지만 그 돈을 빌려주는 일에 인색해서는 안 된다. 우리는 타당한 대로 행하기보다는 관대하게 행해야 한다.

우리가 다른 사람들에게 관대하게 대할 때, 우리는 하늘에 계신 우리 아버지를 나타낸다. 그분은 이렇게 말씀하셨다.
"이같이 너희 빛을 사람 앞에 비춰게 하여 저희로 너희 착한 행실을 보고 하늘에 계신 너희 아버지께 영광을 돌리게 하라"(마 5:16).
복수하지 않는 관대한 마음은 우리의 것을 구하지 않으며, 그 마음의 표현을 통해 하나님을 반영한다. 오직 하나님의 은혜를 아는 사람들만이 그렇게 살 수 있다. 우리는 하나님의 은혜로 우리가 마땅히 받아야 할 벌을 받지 않는다는 사실을 알고 있다.

여러 해 전, 내가 잘 아는 어느 교회가 분열의 위기에 처해 있었다. 공동의회가 열리는 중에 한 사람이 일어나서 다음과 같이 말했다.
"이봐요, 내가 요구하는 것은 나의 권리뿐입니다. 내가 내 권리를 찾겠다는 것입니다."
이에 다른 사람이 대답했다.
"만일 당신이 자신의 권리를 찾는다면 그리고 받아야 마땅한 것을 받는다면, 당신은 지옥에 가야 할 것입니다. 당신이 지옥의 뜨거운 불에 던져지지 않고 현세에서 시원한 물로 목을 축이게 된 것은 하나님의 은혜 덕분입니다."

이것이 바로 산상수훈을 이해하는 열쇠이다. 하나님은 우리를 은혜로 대하셨다. 그러므로 우리는 다른 사람들을 대할 때 그분의 은혜를 나타내어야 한다.

제21장

하나님을 닮은 자

"또 네 이웃을 사랑하고 네 원수를 미워하라 하였다는 것을 너희가 들었으나 나는 너희에게 이르노니 너희 원수를 사랑하며 너희를 핍박하는 자를 위하여 기도하라 이같이 한즉 하늘에 계신 너희 아버지의 아들이 되리니 이는 하나님이 그 해를 악인과 선인에게 비취게 하시며 비를 의로운 자와 불의한 자에게 내리우심이니라 너희가 너희를 사랑하는 자를 사랑하면 무슨 상이 있으리요 세리도 이같이 아니하느냐 또 너희가 너희 형제에게만 문안하면 남보다 더하는 것이 무엇이냐 이방인들도 이같이 아니하느냐 그러므로 하늘에 계신 너희 아버지의 온전하심과 같이 너희도 온전하라"(마 5:43~48).

19세기 스페인의 수상 라몬 나르바에즈(Ramon Narvaez)는 임종의 자리에서 사제에게서 "각하께서는 적들을 모두 용서하십니까?"라는 질문을 받았다.
『나는 적들을 용서할 필요가 없소. 이미 그들 모두를 총살시켰으니까.』
우리는 종종 우리의 적들을 총살한다. 달리 행동하는 것은 무모한 일이다. 그들이 우리를 잡기 전에 그들을 잡는 것이 유리하다. 그들을 총살하지는 않는다 해도 그들에게 친절하게 대하지 않는 경우가 대부분이다. 원수를 사랑하는 것은 유별난 일일 것이다. 그것은 별난 종류의 의(義)를 가지고 별난 종류의 사람을 받아들이는 것이리라. 예수께서는 그러한 유형의 의는 내적인 것이라고 말씀하셨다. 그 의는 하나님과의 관계에서 생겨서 다른 사람과의 관계로 발전한다. 그것은 율법주의적인 것이 아니며 우리가 정의(定義)할 수 있는 것도 아니다.

마태복음 5장 43-48절은 이러한 의에 관한 여섯번째 예화이다.
"또 네 이웃을 사랑하고 네 원수를 미워하라 하였다는 것을 너희가 들었으나 나는 너희에게 이르노니 너희 원수를 사랑하며 너희를 핍박하는 자를 위하여 기도하라 이같이 한즉 하늘에 계신 너희 아버지의 아들이 되리니"(43-45절).

구약 율법은 우리가 이웃을 사랑해야 한다(레 19:18)고 말했다. 소극적인 시각에서 그 구절은 "원수를 갚지 말며 동포를 원망하지 말라"고 기록되어 있다. 그러나 "이웃 사랑하기를 네 몸과 같이 하라"는 적극적인 내용을 덧붙이고 있다. 쓰리피스(three-piece)를 입듯이 하나씩 하나씩 의(義)를 입은 자들은 "이웃"이라는 낱말을 자세히 분석하고 싶어했다. 이웃은 정확히 누구를 의미하는가? 이웃집에 사는 사람? 길 건너 사는 사람? 마을 저편에 사는 사람? 다른 지방에 사는 사람? 이웃 나라에 사는 사람? 바다 저편에 사는 사람? 우리는 그 한계를 어디에 두어야 하는가?

그들은 한계를 생각해 냈다. 어디까지가 이웃인지 정해 놓은 것이다. 이웃은 가까이 있는 사람이었다. 직접적으로 접촉하는 범위 밖에 있는 자들에게 그들은 무관심할 수 있었다. 그리고 그들이 원수로 생각하고 마음대로 미워하는 많은 사람들이 있었다. 그들은 이웃이 아닌 사람들은 원수들임에 틀림없다고 추론했으므로 그들을 멸시할 수 있었다. 멋지고 산뜻한 신학적인 방법으로 그들은 사람들을 이웃과 원수로 나누었고, 자신들의 증오를 그럴 듯한 것으로 만들었다.

이웃 사랑에 대한 예수님의 참된 가르침

그러나 예수께서는 구약 율법이 그런 것을 가르치지 않는다고 말씀하셨다. 그분은 우리가 원수를 사랑해야 하며, 우리를 핍박하는 자를 위해 기도해야 한다고 말씀하셨다. 다른 번역본들은 "너희 원수를 사랑하고 너를 저주하는 자를 축복하고 너를 미워하는 자에게 선을 행하고 너를 해치는 자를 위해 기도하라"고 하여 두 구절을 덧붙인다. 중간에 있는 두 구절은 가장 신뢰할 만한 사본들에는 없지만, 그것들은 분명히 예수께서 말씀하시려고 했던 정신에 포함되는 것이다. 만일 우리가 그분의 제자라면 그리고 우리가 그분과 사랑의 관계를 맺고 있다면, 우리 또한 원수들을 사랑할 것이다.

원수를 사랑하라고 하신 예수님의 말씀의 의미를 이해하려면, "사랑하라"로 번역된 여러 헬라어 단어들을 숙고해 볼 필요가 있다. 우리 말의 "정욕"(lust)의 의미에 더 가까운 헬라어 단어가 있는데, 이는 신약에서 사용되지 않았다. 또 친구들에 대한 사랑과 나라에 대한 사랑을 의미하는 단어도 있다. 그러나 신약성경의 기자들이 우리에 대한 하나님의 사랑이나 다른 사람들에 대한 우리의 사랑에 관하여 말할 때, 그 단어들 중 어느 것도 그들에게는 충분히 강하고 확고한 의미가 되지 못했다.

신약성경 기자들이 이 신적(神的)인 차원의 사랑을 의미하기 위해 사용한 헬라어 단어는 『아가페』(agape)이다. 신약성경 외에, 고전 헬라 문학에서 이 단어는 겨우 대여섯 번 사용되었을 뿐이다. 이 단어는 "호의"(goodwill)로 번역될 수 있다. 분명히 성경 기자들은 성경 외에는 거의 사용하지 않던 "아가페"라는 단어를 취하여 그것을 정화시켜서 기독교 신앙에 포함시켰고, 그 단어를 새로운 의미로 충만하게 채웠으며 강한 의미를 갖게 하였다.

신약성경에서 "아가페"는 우리를 위하시는 하나님의 사랑과 우리가 다른 사람들을 위하여 지녀야 할 사랑을 언급하는 데에 사용되었다. "아가페" 사랑의 한 가지 특성은 그것이 감정적인 사랑에 중점을 두지 않는다는 것이다. 사랑은 마음의 자세, 곧 의지적인 행동을 뜻한다. 그것은 능동적으로 호의를 베풀고자 하는 자세이며, "내가 친구를 대하든지 적을 대하든지 그 사람에게 최선이 되는 바를 행하겠다"는 마음가짐이었다.

철학자 임마누엘 칸트(Immanuel Kant)는 원수를 사랑하라는 말씀을 읽고 터무니없는 말이라고 단정하였다. 그는 사람들이 자기 원수를 사랑하는 것은 불가능하다고 주장했다. 우리가 감정으로 느끼는 종류의 사랑에 관한 것이라면 칸트의 말이 옳았다. 우리는 그런 식으로 우리 감정을 조정할 수는 없다. 양초에 불을 붙였다가 입으로 불어서 끄는 식으로 우리의 감정을 조절할 수는 없다. 만일 우리가 감정적인 사랑에 관하여 말하는 것이라면, 원수를 사랑하라는 명령은 우리의 능력을 초월하는 것이다.

그러나 예수께서는 "아가페" 사랑, 곧 마음의 자세에 관하여 말씀하셨다. 그 사랑을 다른 식으로 표현하자면, 친구이든 적이든 모든 사람을 좋아하는 것처럼 대하는 것이다. 내가 상대방에게 최선이 되는 것을 추구할 때, 그것은 내가 그렇게 하는 것을 감정적으로 기뻐해서가 아니라 그렇게 하기로 내 마음 자세를 굳히기 때문이다. 아가페 사랑은 호의를 품는 사랑이다. 다른 종류의 사랑은 느끼고 그 다음에 행동하지만, 이 아가페 사랑은 먼저 행동하고 때때로 그 결과로 느낀다. 그러므로 나는 내 원수를 사랑할 수 있다.

만일 우리가 원수들을 위해 기도하거나 그들을 호의적으로 대하기 전에 그들을 향해 따뜻하고 친절한 감정을 가질 때까지 기다린다면, 그렇게 하기 전에 우리는 모두 죽을 것이다. 그러나 우리의 느낌에 관계 없이 그 사람의 최선의 유익을 생각하며 행동할 때 우리는 하늘에 계신 우리 아버지를 나타내는 것이다.

하나님의 성품의 반영인 원수 사랑

어거스틴(Augustine)은 예수님의 말씀을 다음과 같이 바꾸어 표현했다.

"우리를 사랑하는 자를 사랑하는 것은 인간적인 것이고, 우리를 사랑하는 자를 미워하는 것은 마귀적인 것이다. 그러나 우리를 미워하는 자를 사랑하는 것은 신적(神的)인 것이다."

우리의 친구들 뿐만 아니라 원수들도 사랑할 때, 우리는 하나님의 성품을 나타내게 된다.

우리의 원수를 사랑하는 한 가지 방법은 그들을 위해 기도하는 것이다. 그러나 우리는 하나님의 존전에 나아가서 하나님의 뜻이 원수의 삶 속에서 이루어지게 해 달라고 기도하고 그를 향하여 지닌 분노와 적개심을 버린다는 것이 어렵다는 사실을 발견한다. 어떤 사람을 위해 기도하는 것은 그 사람을 보는 시각과 그 사람을 대하는 태도에 변화를 일으킨다. 또 다른 사람을 위해 기도하는 것은 신적(神的)인 것이다. 하나님 앞에서 우리 원수의 최선을 구하는 것은 그 사람을 향한 호의를 나타내는 것이다.

우리는 하늘에 계신 우리 아버지와 닮은 점을 가지고 있어야 한다. 하나님이 가지신 특정적인 속성 한 가지는 누구에게나 베푸시는 호의이다. 즉, 그분은 친구이든 원수이든 차별하지 않고 호의를 갖고 행하신다. 하나님은 악한 자들과 선한 자들에게 동일하게 해를 비추신다. 또 의로운 자들과 불의한 자들에게 차별 없이 비를 보내 주신다. 왜냐하면 그렇게 하는 것이 그분의 속성이기 때문이다.

전국을 다니면서, 알곡이 무르익은 농지는 그리스도인들의 것이고 마르고 시든 농작물은 불신자들의 것이라고 보면 편리할 것이라고 나는 추측해 본다. 그러나 하나님은 그런 식으로 일하지 않으신다. 그분이 비를 보내 주실 때, 신자들과 신성 모독자들 모두에게 비가 온다. 하나님이 해를 비추게 하실 때, 무신론자는 그리스도인들과 마찬가지로 따뜻한 햇살을 받아 따스함을 느낀다. 하나님은 원수들과 친구들을 똑같이 대하신다. 우리가 최고의 선한 마음으로 적들과 친구들을 대할 때, 우리는 하나님과 닮은 점이 있는 것이다.

그러나 불신자들은 종종 하나님의 호의와 친절을 오해한다. 하나님의 선하심은 그들을 회개케 하기 위해 계획된 것이다. 그러나 많은 사람들은 하나님의 선하심을 그들 죄에 대한 하나님의 무관심으로 잘못 해석한다. 그들이 하나님께 반항하는 삶을 사는 동안에도 하나님이 무럭무럭 자라는 곡식과 따뜻한 몸과 두둑한 지갑으로 그들을 축복한다면, 그들은 하나님이 자기들의 죄를 심각하게 여기시지 않는다고 생각할 것이다.

작은 마을에 사는 한 무신론자는 어느 가을에 지역 신문 편집인에게 다음과 같이 편지했다.
"저는 한 가지 실험을 했습니다. 침례교회 옆에 제 밭이 하나 있는데, 저는 교인들이 예배드리러 왔을 때 그 밭을 갈았습니다. 그들이 기도회에 참석하는 수요일 밤에 씨를 뿌렸고 또 그들이 부흥회를 할 때 추수를 했습니다. 그러나 제가 갖고 있는 다른 밭과 마찬가지로 그 밭은 많은 곡물을 생산했다는 사실을 알려 드리고 싶군요."
편집인은 그 편지를 실으면서 다음과 같은 논평을 덧붙였다.
"그 독자는 하나님이 교회 집회 시간에도 (심은 대로 거두는) 수확의 법칙이 적용되도록 하신다는 사실을 간과했다."
많은 불신자들이 이러한 섭리를 이해하지 못한다. 그들은 축복을 받아 왔기 때문에 하나님에게 무관심하게 되었다. 그들은 하나님이 선하시기 때문에 원수들과 친구들을 똑같이 대하신다는 사실을 깨닫지 못한다.

원수들을 사랑하고 우리를 박해하는 자들을 위해 기도해야 우리가 하늘에 계신 우리 아버지의 아들들이 될 수 있다고 예수께서 말씀하실 때, 그분은 하나님의 아들이 될 수 있도록 그런 일들을 하라고 우리에게 촉구하시는 것이 아니다. 다시 말해서, 우리는 하나님의 아들이기 때문에 그런 일들을 한다. 그것은 가족의 닮은 점이다. 우리는 자녀들의 외모와 그들의 행동 양식에서 가족으로서 닮은 점을 발견한다. 우리는 어느 집 아들에 대해서

"그 애는 애비를 꼭 닮았어"라고 말한다. 딸에 대해서는 "그 여자애는 엄마를 그대로 빼어박았군" 하고 말한다.

우리가 친구들과 원수들을 똑같은 호의로 대할 때 그리고 그들에게 가장 좋은 것을 추구할 때, 우리가 하나님의 가족에 속한다는 사실이 드러난다.

만일 우리가 우리를 사랑하는 사람들만을 사랑한다면 무슨 상을 받겠는가? 만일 우리가 우리 친척에게만 인사한다면 어떻게 다른 사람들과 구별되겠는가? 심지어 세리들도 그렇게 한다. 고대 세계에서 세리들은 사회의 쓰레기였다. 세금 납부 기한이 다가오면 우리도 그들을 썩 좋아하지 않지만, 고대 세계에서 그들은 반역자들로 간주되었다.

예수께서 오늘날 말씀하셨다면, 마피아를 예로 들었을 것이다. 마피아의 한 가지 특징은 자기들이 속한 조직에 충성한다는 것이다. 사실, 조직은 그들에게 매우 중요한 것이다. 그들은 자신들의 조직을 잘 돌보지만, 조직을 위협하는 자들은 몰살시킨다. 그들은 조직을 사랑하고 적들을 죽인다. 만일 우리가 우리를 사랑하는 사람들만을 사랑한다면 어떻게 세리나 마피아 단원과 구별되겠는가?

예수께서 누군가에게 문안하는 것에 관하여 말씀하셨을 때 (47절), 그분은 단순히 "안녕하세요"(Hello)라고 인사하는 것을 의미하시지 않았다. 중동에서는 인사하는 것이 상대방에게 가장 좋은 일이 생기기를 바란다는 표시이다. 그들의 인사는 온통 축복으로 가득 차 있다. 당신에게 축복이 있기를, 당신의 자녀들에게 축복이 있기를, 당신의 손자들에게 축복이 있기를. 이방인들조차 그렇게 했다. 사실 그들의 인사는 그런 축복의 말들 때문에 널리 알려졌다. 그 인사는 종종 장황한 미사 여구가 붙어 있었다. 만일 우리가 좋아하는 사람들만을 축복한다면, 예수께서는 우리가 이방인들과 다르지 않다고 말씀하셨다.

예수께서는 그들의 천정이 우리의 마루바닥이어야 한다고 말씀하셨다(이방인들의 최고로 높은 기준이 우리에게는 출발점이어야 한다는 뜻―편집자 주). 그들의 사랑은 가족과 친구로 끝나지만, 우리에게 가족과 친구는 사랑의 시작이어야 한다. 우리는 그들이 멈추는 곳에서 시작한다. 그들이 보이는 호의의 척도의 꼭대기는 우리들이 보이는 호의의 척도의 밑바닥이다.

우리가 이렇게 하는 이유는 세상을 향해 우리 아버지 하나님의 사랑을 반영하기 위해서이다. **우리가 원수를 사랑하는 주된 목적은, 우리 원수들을 우리 친구로 만들기 위해서가 아니라 그들에게 하나님의 사랑을 보여 주기 위해서이다.**

아브라함 링컨이 남부 사람들에게 보여 준 호의적인 태도 때문에 그를 혹평한 사람이 있는데, 그 비평가는 남부 사람들을 적으로 생각했다. 링컨은 이렇게 대답했다.
"적을 친구로 만드는 것보다 적을 없애는 더 좋은 방법은 없다."
훌륭한 대답이다. 그러나 그것은 우리가 원수를 사랑하는 이유가 아니다. 원수를 사랑하는 과정에서 그런 일이 일어날 수 있지만, 그것은 우리의 동기가 아니다. 혹은 그들을 변화시키기에 충분한 선함을 그들에게서 끌어 낼 수 있다고 믿기 때문에 원수를 사랑하는 것이 아니다. 그것은 지나치게 단순하게 생각하는 것인 동시에 비성경적이다.

우리가 우리 원수들을 사랑할 수 있지만, 그들은 우리 얼굴에 침을 뱉을지도 모른다. 그들은 우리의 사랑을 약점으로 보고 우리를 이용할지도 모른다.

우리는 우리를 세상의 빛이 되게 하신 하늘에 계신 우리 아버지의 사랑을 나타내기 위하여 원수를 사랑한다. 우리가 우리를 사랑하지 않는 사람들을 사랑하고 원수들을 위해 최고의 선을 추구하는 것을 사람들이 볼 때, 그들은 신적(神的)인 것을 본다. 그리고 그것은 복음 전도의 기초이다. 다른 사람들과는 다르게 사는 그리스도인의 모습을 보고 그 원인이 무엇인지 알고 싶었기 때문에 예수 그리스도를 믿는 신앙을 갖게 된 사람들을 종종 보았다. 그들은 그 사람의 삶이 보여 준 멜로디를 듣고 그 가사를 배우고 싶어했다.

이 모든 내용의 결론이 마태복음 5장의 마지막 구절에서 발견된다.
"그러므로 하늘에 계신 너희 아버지의 온전하심과 같이 너희도 온전하라."
여기서 '온전함'(perfect)의 의미로 사용된 단어는 죄없는 완전함을 의미하지 않는다. 신약성경 어느 곳에서도 온전함이란 말이 죄없는 완전함에 가까운 의미로 사용되지 않았다. 이 단어는 하나님께 바치는 희생제물에 사용되었다. 그 제물은 흠 없이 완전해야 했다. 이 단어는 대부분 "유치한"(childish) 것과 반대되는 "성숙"(maturity)의 의미로 사용되고 번역되었으며, "학생"에 반대되는 "선생님"에 관하여 말하는 데에 사용되었다. 매우 원숙하거나 완성되었다는 의미, 곧 만들어진 원래 기능을 충족시킨다는 의미이다. 만일 "그건 샐러드에 쓰기에 '완전한' 토마토군"이라고 말한다면, 우리는 토마토의 성질을 판단하고 있는 것이 아니다. 우리는 토마토가 그 자체의 역할을 할 수 있는 능력과 샐러드에 맛과 향기를 더해 줄 수 있는 능력을 말하고 있는 것이다.

윌리 메이즈(Willie Mays)가 코미셔너의 도움으로 야구 선수로 복직되었을 때, 어느 스포츠 작가는 "그는 아마도 '완벽한' 야구 선수일 것이다"라고 말했다. 그는 윌리 메이즈가 결코 삼진 아웃을 당하지 않았다는 의미로 그렇게 말한 것이 아니다. 플라이 볼을 한번도 떨어뜨리지 않았다는 뜻도 아니었다. 그는 윌리 메이즈가 원숙한 야구 선수라는 의미로 말했던 것이다. 그는 치고 달리고 잡고 도루할 수 있었고, 야구 경기의 전술을 잘 알았다.

예수께서도 "온전하다"라는 단어를 그런 식으로 사용하셨다. 사랑이라는 맥락에서 하늘에 계신 우리 아버지께서 온전하신 것처럼 우리도 온전해야 한다.

우리가 사랑으로 사람들을 대할 때에 우리는 원숙한, 온전한 사람들이다. 하나님께서 사랑을 보여 주시는 데에 차별을 두지 않으시는 것처럼 우리도 차별을 두지 않는다. 우리가 다른 사람에게 사랑으로 행할 때 가장 하나님 같은 모습을 드러내는 것이다.

산상수훈에서 이 부분을 읽을 때 때때로 나는 내 삶의 빈곤을 느낀다. 나는 일종의 파산 상태를 느끼는데, 그것은 그 부분의 내용이 내가 되어야 하고 또 되고 싶어하는 류의 인간을 말하고 있기 때문이다. 그러나 나는 내가 그런 사람이 아니라는 것을 매우 잘 인식하고 있다. 그리고 그러한 깨달음을 통하여 나는 우리가 하나님과 갖는 관계의 기초인 심령의 가난함을 갖게 된다.

팔복은 "심령이 가난한 자는 복이 있나니 천국이 저희 것임이요"라는 말씀으로 시작된다. 만일 산상수훈의 이 부분을 통하여 우리가 하나님께 돌아가서 그분만이 주실 수 있는 생각과 동기인 내적인 의를 구한다면, 이 부분은 그 목적을 성취하는 것이다.

우리는 우리 자신의 힘으로 이러한 종류의 인생을 살 수 없다. 우리는 "나는 지금부터 내 원수들을 사랑하겠다"고 단순히 결심할 수도 없다. 우리는 참으로 올바른 사람이 될 수 있을지 모른다. 그러나 우리의 올바름은 바리새인들과 서기관들의 올바름과 같은 것이 될 것이다. 그 올바름은 사람들의 표준에 맞지만, 우리는 그런 올바름으로는 결코 천국에 들어가지 못할 것이다.

우리는 오로지 하나님과의 관계에서 이러한 삶을 살 수 있다. 그리고 그러한 관계에서 하나님은 우리 속에 역사하셔서 다른 이들과도 그러한 관계를 맺을 수 있도록 해 주신다. 이 관계는 우리가 외형적으로 율법의 의문(儀文)을 지키는 것에 만족하지 못하게 하고, 오히려 율법의 정신을 지키고자 하는 내적 소망을 우리에게 준다.

알프레드 로드 테니슨(Alfred Lord Tennyson)은 대주교 토마스 크랜머(Thomas Cranmer:16세기 영국의 종교개혁가)에 관하여 쓸 때에 이렇게 말했다.
"그에게 나쁜 일을 하는 것은 그에게서 친절함을 불러오는 것이었다. 왜냐하면 그의 마음은 매우 풍요로워서…설사 당신이 그 안에 미움의 씨앗을 뿌린다 해도, 그 씨앗들은 사랑을 꽃 피울 것이다."
크랜머처럼 우리는 하나님의 마음을 이해해야 한다. 한 명의 원수도 너무 많다.

결론

여러 해 전 『*Eternity*』지(誌)의 칼럼니스트인 고(故) 조 베일리(Joe Bayly)는 제 2차 세계 대전 동안 독일군에서 사병으로 복무했던 몇 명의 독일인 그리스도인들을 방문했다. 그들 중 두

명은 나찌 군대에서 소위 진급을 청원했다고 한다. 사령관은 그들에게 한 가지 조건부로 승진을 보장하겠다고 말했다. 그 조건은 그들이 장교 클럽에 가입한다는 것이었다. 그 클럽 회원이 되려면 그들은 다소 거칠고 방탕한 주말 무도회에 참석해야 했다. 이 젊은이들은 춤추는 것이 성적인 방종을 부추기고, 그렇게 되면 결국 부도덕한 결과를 낳을 것이기 때문에 춤추는 것은 나쁘다고 믿었다. 그들은 그러한 확신 때문에 승진을 포기했다.

그 후 군복무를 하던 중에 이 두 사람은 수많은 유대인들을 화로에 밀어넣어 살해하는 죽음의 캠프에 배치되었다. 그들은 직접 그 학살에 참여하지 않았지만 무슨 일이 일어나고 있는지를 알았다. 그러나 그들은 결코 어떤 항의의 소리를 발하지 못했다.

전쟁이 끝난 지 오랜 후에 조 베일리가 그들과 이야기했을 때, 그들은 아무런 후회 없이 그들이 겪은 일들을 회상하면서 자기들이 올바른 결정을 내렸다고 확신했다. 사회의 압력에 순응하지 않고 춤추는 것을 거부한 것은 그들에게 의(義)의 행위였다. 그리고 애국적인 대학살에 순응하여 수많은 유대인들이 화로에서 불타 죽었을 때 침묵을 지킨 것을 불의한 것으로 여기는 감정이 그들에게는 전혀 없었다.

우리가 외형적인 의에 대해 나름대로의 기준을 정할 때, 우리는 어떤 악한 일도 할 수 있다. 그러나 우리가 그분의 의(義)로 충만할 때 어떤 선(善)도 그리 큰 것이 아니다.

망망한 바다 한가운데서 배 한 척이
침몰하게 되었습니다.
모두들 구명보트에 옮겨 탔지만
한 사람이 보이지 않았습니다.
절박한 표정으로 안절부절 못하던 성난 무리 앞에
급히 달려 나온 그 선원이
꼭 쥐고 있던 손바닥을 펴 보이며 말했습니다.
"모두들 나침반을 잊고 나왔기에…"
분명, 나침반이 없었다면 그들은 끝없이 바다 위를
표류할 수밖에 없을 것입니다.

삶의 바다를 항해하는 모든 이들을 위하여
우리는 그 나침반의 역할을 하고 싶습니다.
우리를 구원하신 아름다운 주님을
21세기 문명의 이기(利器)를 통하여
널리 전하고 싶습니다.

우리 나침반 가족은
구원의 복음과 진리의 말씀을 전하며
당신의 믿음 성장과 삶을, 가정을, 증거를,
그리고 당신의 세계를 돕고 싶습니다.

그리스도 안에서
우리는 당신을 진실로 사랑합니다.

"하나님은 모든 사람이 구원을 받으며
진리를 아는 데 이르기를 원하시느니라."
(디모데전서 2장 4절)

건전한 자아상을 가지라

프레드 레니크, 노먼 라이트 지음　4×6 변형양장

당신이 실제로는 두 사람이라는 사실을 알고 있는가?
겉으로 보이는 당신 / 속에 감춰진 당신!!
당신 속에 있는 참된 당신을 만나라!

공부도 잘하고 예수도 잘 믿게 하는 비결 12가지!

이한수 목사의 파워학습법

이한수 목사 지음　신국판(A5 신)

12년에 걸쳐 영어 영성세미나와 교육부흥회를 인도해 온 저자의 독특한 노하우!
파워학습법을 통해서 성공을 거둔 많은 학생들의 생생한 체험!

3년간 활용할 수 있는 기도 수첩!

오직 기도와 간구로 구할것을 하나님께 아뢰라!

김장환 목사 지음　4×6 배판 바인더

매일매일 기도 제목을 기록하면서 기도 응답을 점검할 수 있다. 아울러 성경 통독 지침과 기도에 관한 예화가 포함되어 있어 개인 경건 훈련에 아주 유익하다.

자녀를 위한 30일 작정 기도 교과서!

자식의 장래는 부모의 무릎에 달려있다

스토미 오마샨 지음　신국판(A5 신)

'완벽한 부모가 되기보다는 기도하는 부모가 되라.'
자녀들을 위해 기도하도록 이끄는 구체적인 지침서.

빛과 소금으로 사는 법

지 은 이	|	해돈 로빈슨
옮 긴 이	|	김문철
발 행 인	|	김용호
발 행 처	|	나침반출판사

발 행 일 | 2006년 2월 20일 재발행

등 록 | 1980년 3월 18일 / 제 2-32호
주 소 | 110-616 서울 광화문 사서함 1641호
전 화 | 본 사 (02)2279-6321~3
　　　　　영업부 (031)932-3205
팩 스 | 본 사 (02)2275-6003
　　　　　영업부 (031)932-3207

홈 페 이 지 | www.nabook.net
이 메 일 | nabook@korea.com
　　　　　　 nabook@nabook.com

ISBN 89-318-1343-0
책번호　가-3063

값은 뒷표지에 있습니다.

나침반출판사는 우리를 구원하신 아름다운 주님을
21세기 문명의 이기(利器)를 통하여 널리 전하고 싶습니다.